以「為什麼」串連現代到古代

跟著讀日本史

河合敦 / 著

陳薪智 / 譯

　　說自己不擅長日本史的，通常是認為學習歷史等於不斷背書的人。但這是個錯誤、也很可惜的想法。

　　我們可以從歷史上的大事件和許多偉人身上學到不少東西。若還是抱持著不擅長的心情而背棄歷史，則有可能損失巨大。

　　我想讓你知道的是，與過去完全相同的事情絕不會再次發生，但類似的事情卻在歷史中不斷上演。所以，學習歷史可以幫助你避開將來有可能發生的災難，並抓住成功與幸福。

　　然而，不管再怎麼學習歷史，一定也有不少人認為「繩文時代與彌生時代的生活跟現在的我根本沒關係」吧。

　　是的。其實這就是日本歷史教育的失敗之處。

　　上歷史課時，永遠都是從較古老的時代學習到較新的時代，因此無法感受歷史就在身邊，以及歷史如何連結至現代社會。

　　對此我所想到的方法，就是以回溯的方式學習日本史。

　　就像從自己小時候，到雙親的時代，再到爺爺奶奶的時代，以回溯的方式去理解歷史。當然，如果只是單純地回溯並沒有任何意義。無論發生什麼事，一定都有相應的原因與背景。一邊學習歷史，一邊探尋原因、理解事件背景是非常重要的。也就是說，從現代提出「為何」、「為什麼」，進而揭開形成過去的事件與原因。以這種方式去了解事件的因果，往往會發現有另一個更進一步的原因。

　　我來舉一個具體的例子吧。

　　我們來回溯「為什麼日本向美國宣戰？」這個問題吧。

為什麼日本對戰力懸殊的美國開戰？

→ 為了打破第二次中日戰爭的僵局。

→ 為什麼日本向中國展開可能陷入膠著的全面戰爭？

→ 因為不再滿足於滿洲國之建立，在此之後日軍也持續侵略中國。

→ 為什麼日本要侵略中國，並建立滿洲國？

→ 因為大部分的國民都支持採取擴大政策的軍部。

→ 為什麼大部分國民都支持軍部？

→ 因為對無法使經濟好轉的政黨政治感到失望。

→ 為什麼日本會有政黨政治？

→ 因為國民不滿以薩長為中心的藩閥政治。

　　用這種方式，就能以解謎的形式理解歷史。

　　而從這之中誕生的，就是本作《倒著讀日本史》。

　　多虧大家，這本書博得讀者的好評，並再刷印了好幾次。所以這次新出版了圖解版《倒著讀日本史》。我想，光憑文章無法掌握全體狀況，但觀看圖片卻能馬上理解的情形應該不少，所以本書放入非常多圖解，並且將格式調大，弄得更加繽紛，應該會比文庫本來得容易閱讀。

　　當你翻開本書，一邊回溯時代，一邊深入探究其中原因時，將會大大提升對整個日本史的理解力。

　　希望這本書能讓你重新認識日本史，藉此幫助你往後的人生。

2021年1月

河合 敦

第 **2** 章	江戶時代～戰國時代末期

第**3**章　戰國時代～平安時代末期

| 第 **4** 章 | 平安時代～舊石器時代 |

卷末附錄｜現代～古代

※本書是《倒著讀日本史》（2017年，光文社知惠の森文庫）
的重新編輯版，加筆修正後附上插圖的再編版。

近代

幕 末 ▶

為什麼日本得以成為經濟大國？

> 因為美國在戰後幫助日本的經濟成長。

契機為朝鮮戰爭帶來的好景氣

1964年10月，奧林匹克運動會於日本的首都東京開幕。

就在僅僅二十年前，日本各地城市因太平洋戰爭的空襲受到毀滅性打擊，此次東京奧林匹克運動會，是象徵日本復興的一大活動。之後，日本1968年的國民生產毛額（GNP）居然躍升到僅次於美國的世界第二（僅限資本主義國家）。

日本確實從戰禍中奇蹟般地復甦過來。

然而，在戰敗後的數年間，遭到摧殘的日本經濟始終沒有恢復的跡象。直到1950年才開始好轉，成為好轉契機的正是朝鮮戰爭。

1950年6月，北朝鮮突然宣稱要統一整個半島，跨過國境北緯38度線開始侵略南韓。以美軍為中心的國際聯盟軍介入戰爭，許多美軍從日本各地的美軍基地出擊。

因為這場戰爭，美軍向日本企業下單了大量物資，這股特殊需求為日本帶來好景氣。這種景氣稱之為特需景氣，並持續了三年左右。其中纖維業與金屬業因這次需求大大受到滋潤，1950年代初，日本的礦工業生產已回復到戰前的水準。

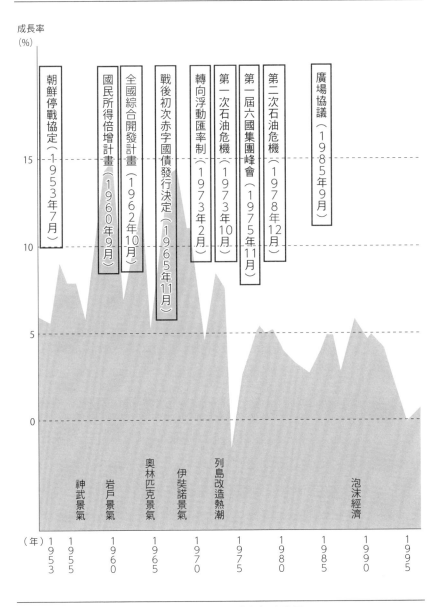

戰後的日本景氣動向

成長率
（％）

朝鮮停戰協定	1953年7月
國民所得倍增計畫	1960年9月
全國綜合開發計畫	1962年10月
戰後初次赤字國債發行決定	1965年11月
轉向浮動匯率制	1973年2月
第一次石油危機	1973年10月
第一屆六國集團峰會	1975年11月
第二次石油危機	1978年12月
廣場協議	1985年9月

神武景氣　岩戶景氣　奧林匹克景氣　伊奘諾景氣　列島改造熱潮　泡沫經濟

（年）1953　1955　1960　1965　1970　1975　1980　1985　1990　1995

▶ 戰後，日本乘上好幾波經濟起飛的浪潮，成為經濟強國。

特需景氣結束後也間歇性地出現好景氣

翌年即 1951 年，日本政府向造船和鋼鐵等重要工業部門投入資金，開始建設新工廠、導入最新的機械等大規模投資，因此得以大量生產良好的產品。

結果出口量迅速增長，繼特需景氣後，於 1955 年再次迎來大規模經濟起飛。這就是所謂的神武景氣，其意為「自初代神武天皇以來最好的景氣」。1956 年的《經濟白書》（經濟計畫廳發行）甚至寫道「這已經不是戰後了」，用詞實在振奮人心。

1960 年，以自由民主黨總裁池田勇人為首成立的內閣，批准了國民所得倍增計畫。簡單來說，就是與國民約定「十年內會讓薪水翻倍」。

為了促進經濟成長，政府計畫填埋海岸線，建造從首都圈延伸至九州的工業地帶（太平洋工業帶），也整備了道路與港口等基礎設施；提倡政經分離，企圖與沒有外交關係的中華人民共和國（中國）擴大貿易。

因為這些經濟對策，岩戶景氣（1958 至 1961 年）、伊奘諾景氣（1965 至 1970 年）相繼到來，1955 年到 1973 年近二十年之間，經濟成長率以年平均 10％ 上下的數字奇蹟般地高速成長，日本因此成為經濟強國。

成為熬過石油危機的經濟大國

一連串經濟成長的背後，除了朝鮮戰爭帶來的特需景氣，美國也在很多方面支援日本。

例如鋼鐵、造船、汽車、電動機械和化學等重化學工業領域，都納入了美國企業的技術革新成果，並備齊最新設備，因而讓業績蒸蒸日上。石油化學與合成纖維等新領域也是如此。

此外，良好品質與低廉價格都是日本製產品在國外很受歡迎的理由，但主因其實是當時的日圓很便宜。

當時 1 美元 ＝ 360 日圓，這是美國在 1949 年設定的單一匯率。因為

是固定匯率制，所以美元與日圓的匯率不會變動。360日圓的匯率，以當時日圓的實力來看是非常便宜的價格。正因如此，日本的出口量才會急劇增加。

在這樣的背景之下，日本以重化學工業製品為出口主力，在1960年代後半開始出現大量的貿易順差。日本經歷了戰後毀滅性的經濟狀況，但由於：

・美軍介入朝鮮戰爭產生的特殊需求

・美國經濟技術革新的恩惠

・美國設定的1美元＝360日圓之固定匯率制

三方條件強力支援下，短時間內成為經濟強國。

然而1973年一場全球危機對日本的經濟成長造成巨大衝擊，那就是所謂的石油危機。第四次以阿戰爭爆發後，由阿拉伯國家組成的OAPEC（阿拉伯石油輸出國組織）被歐美、日本親以色列態度所激怒，於是限制石油出口，使石油的價格因此足足提高了四次。

依賴石油為能源的日本受到嚴重打擊，日本經濟在1974年，自戰後以來第一次呈現負成長（經濟成長率為負），1978年甚至發生了第二次石油危機。

然而，日本透過降低勞動成本與提高生產力等，採取被稱為減量經營的方法，渡過此次危機，爾後也成功保持穩定的經濟成長。

就這樣，日本經歷戰後的復興期，並受到美國的龐大支援，在1980年代後半成為世界上最大的經濟體之一。

Go back

那麼，為什麼美國要幫助日本的經濟？

02 為什麼美國在戰後 幫助日本的經濟成長？

隨著冷戰加劇，想將日本作為西方集團的防線。

被納入自由主義陣營

美國給予戰敗且遭受巨大打擊的日本各式各樣的支援。

這個行為，大大改變了國際情勢。

第二次世界大戰後，分別代表自由主義國家的美國與社會主義國家的蘇維埃（蘇聯），在國際社會中擁有強大的影響力。

在大戰中合併的波羅的海國家（愛沙尼亞、拉脫維亞、立陶宛）、波蘭與羅馬尼亞等東歐諸國，被蘇聯置於自身勢力下，建立了社會主義陣營（東方集團）。

另一方面，美國加強與英國、法國等西歐諸國的關係，成立了自由主義陣營（西方集團）。

這種背景下的美國與蘇聯，在處理德國與其他戰敗國問題時產生意見分歧。1947 年，雙方展開激烈的軍備競爭，並率領各自的陣營來爭奪主導權。這種狀態稱之為冷的戰爭（冷戰）。

當然，冷戰的影響也擴及東亞。

原為日本殖民地的朝鮮半島，以北緯 38 度為界，蘇聯占領了北部地區，美國則占領南部地區。到了 1948 年，以金日成為元首的朝鮮民主主義人民共和國（北韓）在蘇聯的占領地誕生；另一方面，以李承晚為總統的大韓民國（南韓）也在美國的占領地成立。

然後到了 1949 年，以毛澤東為主席的共產主義國家 —— 中華人民

共和國成立，並且在翌年與蘇聯締結中蘇友好同盟互助條約，成為東方集團的一員。

美國將這種東亞的共產、社會主義化視為危機，決定改變一直以來對日本所採取的占領方針。

美國著手改善日本經濟

當時美國獨自占據著日本，其統治方針是想讓日本成為再也無法反抗美國的弱小國家。所以在經濟決策方面，採取將財閥和大企業分割成小單位的政策。

但是現在，**美國決定要讓日本成為西方集團位於東亞的強大屏障**，所以推行了一系列可以說是反其道而行的政策。

首先，讓削弱經濟為目的的財閥解體政策不了了之。接著在1948年，GHQ為了確立日本的經濟獨立和穩定，命令第二次吉田茂內閣實行經濟安定九原則。共有九項政策：

①平衡預算 ②強化徵稅 ③限制資金貸放 ④穩定工資 ⑤加強物價統制 ⑥改善貿易 ⑦增加和改善物資分配 ⑧增加國產原料、產品的產量 ⑨改善各地糧食的集中。

為了推行這些政策，道奇（Joseph Dodge）以特別公使身分從美國被派遣到日本，他為日本政府編制了不允許出現赤字的超平衡緊縮預算。當時，日本政府對企業資助了龐大補助金，此舉造成嚴重的通貨膨脹。為了因應這個情況，才編制大幅度縮減政府的預算。

此外，如前所述，道奇將匯率設定為1美元＝360日圓的單一匯率，目的是要聯繫日本經濟和以美元為中心的美元經濟，藉此促進出口量。這一系列的經濟措施被稱為道奇計畫。

此外，由夏普（Carl Sumner Shoup）率領的稅制使節團抵達日本，日本根據其建議進行了以直接稅為中心的稅制改革，藉此降低企業的法人稅。

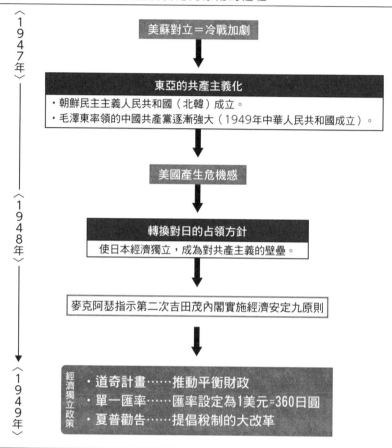

導入經濟安定九原則的過程

〈1947年〉

美蘇對立＝冷戰加劇

↓

東亞的共產主義化
・朝鮮民主主義人民共和國（北韓）成立。
・毛澤東率領的中國共產黨逐漸強大（1949年中華人民共和國成立）。

↓

美國產生危機感

↓

〈1948年〉

轉換對日的占領方針
使日本經濟獨立，成為對共產主義的壁壘。

↓

麥克阿瑟指示第二次吉田茂內閣實施經濟安定九原則

↓

〈1949年〉

經濟獨立政策
・道奇計畫……推動平衡財政
・單一匯率……匯率設定為1美元=360日圓
・夏普勸告……提倡稅制的大改革

▶ 日本因為美國而得以出台經濟政策，並以此為契機重建國家。

　　於是經過美國主導的經濟政策之下，嚴重的通貨膨脹逐漸改善，物價也隨之安定。而在1950年後，因朝鮮戰爭而日漸蓬勃發展的特需經濟，使日本的經濟逐漸好轉。

Go back

那麼，為什麼美國能在短時間內使日本成為西方集團的防線？

03 為什麼美國要將日本納入西方集團的防線？

> 因為日本在太平洋戰爭中戰敗後，受到美國的占領統治。

為了使日本朝向民生化，美國訂下統治方針

在冷戰加劇的背景下，美國試圖使日本的經濟獲得獨立與穩定，並將日本納入西方集團的防線。

按照自己的想法隨心所欲地改變他國；這是在第二次世界大戰獲得勝利，成為國際中擁有巨大影響力的超級大國，並在當時占領日本將其置於統治下的美國才做得到的事。

1945年8月14日，大日本帝國接受了美國、英國與中國（國民政府）聯合提出的波茨坦宣言，向聯合國無條件投降。

投降後，盟軍軍隊立即進駐並占領日本。只是，進駐的盟軍軍隊大部分都是美軍，所以用**美國單獨統治**來描述此狀況較為準確。

以麥克阿瑟為最高司令官的日本統治機構駐日盟軍總司令部（GHQ），成立於東京。GHQ的支配屬於間接性的統治方式，首先GHQ會向日本發布一些指令與建議，日本政府再依此對國家實施政策。

美國以呼籲日本朝非軍事化與民主化作為治理方針。

除了迅速解散日本軍隊外，還改變社會制度，將日本改造成民主主義國家，使日本成為再也無法反抗美國的國家。

原本有600萬人的日本軍遭到武裝解除及退役，就這樣快速地消失了。

1945年10月幣原喜重郎內閣成立後，GHQ對其下達了五大改革指令。

五大改革指令包含①解放婦女　②鼓勵組織工會　③教育的自由民

主化　④廢除強權政治的各種制度　⑤經濟的民主化。這些就是美國讓日本朝向民主化的基本方針，讓我們來看看詳情吧。

五大改革與新憲法的施行

實行這些指令的是繼任幣原內閣的吉田茂內閣。

甲級戰犯嫌犯的審判（東京審判）也是在 1946 年開始進行，東條英機、廣田弘毅以及板垣征四郎等 7 人被處以絞刑；小磯國昭、木戶幸一以及平沼騏一郎等 16 人則被處以終身監禁。

GHQ 認為財閥與寄生地主制的存在是日本軍國主義的溫床，所以命令日本政府執行財閥解體與農地改革。

1947 年，頒布了分割壟斷性巨頭公司的相關法律（過度經濟力集中排除法），有 325 家公司被指定為執行對象。但因冷戰加劇，對日政策產生變化，實際上被分割的只有日本製鐵與三菱重工等 11 家企業。

而寄生地主制因農地改革，到了 1950 年已被徹底瓦解，也因此誕生許多自耕地。原本占比約半數的小耕地也減至一成左右，使寄生地主（大地主）不僅失去經濟力，甚至失去了社會威望。

禁止軍國主義教育，鼓吹軍國主義的教師紛紛遭到解職（教職追放）。助長軍國主義思想的修身、日本歷史（國史）以及地理課程皆因此停課。修身類似現代的道德科目，目的是培養忠君愛國的思想。

1947 年發布教育基本法，確立平等的教育機會與男女共校原則。其目的是為了讓國家朝民主與文化發展，培育出能夠為改善世界和平與人類福祉有所貢獻的國民。

保障勞工的權利，制定許可勞工團結權、團體交涉權和罷工權的勞動組合法；政府對勞資雙方糾紛進行調解、調停和仲裁的勞動關係調整法；以及設定勞動條件最低標準的勞動基準法等勞動三法。

1945 年，修訂眾議院議員選舉法，給予婦女選舉權，翌年的眾議院議員總選舉（戰後第一次）因此誕生了 39 名女性代議士（議員）。此外，

政黨政治也重出江湖。

民主化進程的點睛之筆，是1947年5月3日生效的日本國憲法。這是一部史無前例的和平憲法，**以主權在民、尊重基本人權與和平主義為三原則，並明確表示放棄戰爭。**

在美國單獨統治下，日本在僅僅數年間搖身一變成為民主主義國家。

GHQ提倡的五大改革（1945至1947年）

❶解放婦女
・婦女獲得參政權。
・制定選舉改正法。

❷鼓勵組織工會
勞動三法
・制定勞動組合法。
・制定勞動關係調整法。
・制定勞動基準法。

❸教育的自由民主化
・停止修身、國史、地理等軍國主義教育。
・制定教育基本法。
・制定學校教育法。

❹廢除強權政治的各種制度
・廢除治安維持法。
・廢除特別高等警察。

❺經濟的民主化
分割財閥
・成立持株會社管理委員會。
・制定獨占禁止法。
・制定過度經濟力集中排除法。

農地改革
・施行第一次農地改革。
・施行第二次農地改革。

▶為了讓日本成為民主國家，從教育到勞動都被名為改革的手術刀整治了一番。

Go back　那麼，為什麼日本會受到美國的單獨統治（占領）？

04　為什麼日本會被美國占領？

因為與戰力相差懸殊的美國打仗，最終戰敗。

把日本打到落花流水的就只有美國

太平洋戰爭後，日本被美國單獨統治是有理由的。

與日本交戰的國家，主要是美國、英國、荷蘭、中國、蘇聯與其國家的殖民地。英國和荷蘭在太平洋戰爭初期就被日本擊退。與中國的戰爭雖說陷入膠著，但在終戰之前，也一貫由日軍保持優勢；締結中立條約的蘇聯，只有在終戰的數日前參與了對日戰爭。

也就是說，**只有美國將全力以赴發動戰爭的日本打到落花流水。正因如此，日本受到了美國的全面性支配。**

1941年12月8日，日本的聯合艦隊奇襲位於夏威夷歐胡島的珍珠港基地①且獲得巨大的戰果，這就是與美國戰爭的開端。

隨後日本軍在馬來亞海戰②全數殲滅英國的遠東艦隊，並一一攻陷了在美英支配下的香港、馬尼拉與新加坡等地，頃刻間就征服了廣闊的南太平洋地區。

但是翌年1942年，美國海軍在中途島海戰③大敗日本海軍，使日本海軍失去以航空母艦為中心的主力機動部隊。

在這之後，日本軍漸漸趨於劣勢，最終被美國奪走制海權。瓜達康納爾島④、阿圖島⑤等占領地一一被奪取，最終日本海軍在菲律賓海海戰⑥遭受毀滅性打擊。

持續戰敗的原因其實很簡單。不論是國力或資源，美國都與日本存

在巨大的差距。比如說石油的儲備量就差了五百倍。

日本在戰爭初期能夠取得優勢，是因為當時美國國內還未建立起戰時體制，而且比起太平洋地區，美國更注重位於歐洲的戰場，所以將主力部隊投入了歐洲。**當美國建立好戰時生產計畫後，日本迅速趨於劣勢。**

1943年，日本的機隊規模為九千二百架，美國則是六萬六千架；船艦數日本為一千四百艘，美國則是二千八百艘。看看這些數字就知道日本根本打不贏。

實際上，塞班島在1944年7月遭到攻陷後，美軍將包含塞班島在內的馬里亞納群島作為基地，因此得以直接空襲日本本土。

日本的最大勢力與主要戰役

　日本的支配領域

⑤阿圖島玉碎
③中途島海戰
⑧硫磺島戰役
①珍珠港事件
⑨沖繩島戰役
⑥菲律賓海海戰
⑦塞班島陷落
②馬來亞海戰
④瓜達康納爾島撤退

▶ 就像護城河被填平一般，勢力範圍從周邊地區開始漸漸被削減。

人員與物資都到達極限

隨著戰爭情勢惡化，國民生計迅速崩潰。不只成年人，連學生也以勤勞動員的名義被政府強制徵召至軍工廠工作。當士兵人數不足時，原本獲得兵役免除，正就讀大學與高等專門學校的適齡徵兵學生也被投入戰場。

制海權被美國奪走，來自國外的進口被切斷，日本國內物資極度缺乏，因此工業生產也急速減少。原本雖已導入**切符制與配給制**，但現在就算手上有切符制的票也沒有物資可換。米糧的配給上，以小麥與根莖類作為代替稻米的比例也開始增加，結果全體國民的熱量平均攝取量在1945年下降到1793大卡。此外，不只是大都市，連中小型都市也受到空襲，大量平民因此成為戰爭中的犧牲者。

1945年3月硫磺島被奪去⑧；同年4月，美軍登陸沖繩群島⑨。有不少當地人加入這次沖繩島戰役，其中不乏國中生和女校生；男性加入了鐵血勤皇隊，女性則加入了學徒隊（看護隊）。結果犧牲的日本士兵達9萬人以上，非戰鬥人員更多達10萬以上。

在此背景下，1945年7月美國總統杜魯門、英國首相邱吉爾（不久後交接給艾德禮）和蘇聯的史達林在柏林郊外的波茨坦進行三方面談，以美國、英國及中國的名義發表了針對日本戰後處理方針與勸告日本軍無條件投降的波茨坦宣言。對此日本政府發表「不予評論」的「默殺」回應，美方將之視為「拒絕」，並於翌年8月在**廣島與長崎投下原子彈**。不久後蘇聯也打破中立條約加入對日戰爭。因此昭和天皇立下聖斷，於**8月14日對聯合國無條件投降**。

＊根據累積商品的積分購買所需的物資，避免戰後的囤物及浪費。

Go back

那麼，為什麼日本要在實力相差懸殊的情況下與美國開戰？

05 為什麼日本要對戰力相差懸殊的美國開戰？

 為了打破第二次中日戰爭的僵局。

契機是與中國全面開戰帶來的消耗

為什麼日本會與國力相差甚遠的美國開戰呢？會變成這樣，其實與另一個國家的戰爭非常有關係，那就是跟中國之間的戰爭。

在向美國開戰的四年前，日本就已經跟蔣介石率領的國民政府進行全面戰爭。但戰況陷入膠著，而日本為了畫下這場戰爭的休止符，決心與美國展開戰爭。

第二次中日戰爭以1937年7月爆發的盧溝橋事變為開端（位於北京郊外的中日武力衝突）。起初，近衛文麿內閣原本是想安穩地解決此次事件，但軍方強烈要求派遣更多軍隊至中國，最終內閣同意了軍方的要求。因為這樣，蔣介石宣言要徹底抗日，因此導致全面戰爭。

在陸軍中，也有反對在遼闊大陸進行廣域戰爭的聲浪，德國駐日公使陶德曼也為了和平出面調停。但是，一路上日軍都在戰爭中取得優勢，不僅壓制上海，還攻陷國民政府的首都南京。所以戰爭獲得了國民的支持，近衛文麿首相甚至聲明「**不將國民政府視為對手**」。此舉完全否定了對方國的政府，外交關係斷絕，戰爭的腳步完全無法停下。

日本與中國的全面戰爭，遭到和中國有利益關係的英國、法國、美國等國大反彈。列強諸國開始透過各式各樣的路線（援蔣路線）支援糧食和武器給蔣介石的國民政府（據點移動至重慶）。

因此，演變成無論日本軍怎麼打也無法終結戰爭的狀況。

為了尋找資源擴大戰線

美國和其他國家在日本因第二次中日戰爭資源不足的情況下祭出經濟制裁。1939年7月，美國宣告廢除日美通商航海條約。當時日本的石油和廢鐵等戰爭物資幾乎都是從美國進口的，**所以失去與美國的通商條約，或是石油供應鏈被斷絕的話，日本將無法繼續戰爭**。

兩個月後德國入侵波蘭，對此憤怒的英國和法國向德國宣戰，**第二次世界大戰就這樣開始**了。

因之前日本與德國締結了反共產國際協定，德國開始向日本尋求締結軍事同盟。但是當時的阿部信行內閣不願讓日本與英美的關係繼續惡化下去，所以貫徹不介入大戰的原則。接下來的米內光政內閣也採取了相同方針。

但是德國連戰連勝，攻陷巴黎，壓制法國，甚至給予英國重大的打擊。**看到這裡的日本國民，開始覺得應該要和德國聯手，藉此打破第二次中日戰爭的僵局**。

所以軍部強硬地擊潰米內內閣，扶持提倡與德國同盟的近衛文麿內閣。第二次近衛文麿內閣就這樣一改至今為止的方針，與德國、義大利締結三國同盟條約。

日本也向東南亞進軍，在確保石油、鋁土和橡膠等資源的同時，也決定要截斷南方的援蔣路線。法國彼時被德國所支配這件事情幫上了大忙，因為法國的殖民地印尼當時呈現權力空白狀態，所以在1940年，日本軍就這樣進駐了資源豐富的印尼北部（法屬印度支那）。

1941年4月，**日蘇中立條約**締結。因為這項條約，日本不必再擔心蘇聯會來攻擊支配下的滿洲國、朝鮮半島與本國國土。這個時期，**日本國民開始將希望寄託於連戰連勝的德國。為了打破第二次中日戰爭僵局，應該向南方推進尋求資源的聲浪也愈來愈高**。

因此日本軍於7月實行進駐南部法屬印度支那的計畫。

美國因此震怒，停止對日本輸出石油。

這個時期的近衛文麿內閣，正為了避免與美國開戰而不斷與美交涉。

日美交涉原本是日本與美國民間人士之間所進行的非官方交涉，而近衛內閣接管了這項交涉，開始以駐美大使野村吉三郎為窗口，與美國國務卿赫爾（Cordell Hull）交涉。近衛首相反對與美國開戰，排除強硬派的外務大臣松岡洋右後，試圖透過與羅斯福總統舉行首腦會談來解決這個事態。然而會談並沒有舉行，軍部就這樣實施進駐南部法屬印度支那的計畫。

美國停止對日供給石油後，「日本將無法繼續第二次中日戰爭。與其在這邊慢慢被打敗，就算會跟美國開戰也應該去侵略東南亞」的聲浪在國民之間愈來愈大。

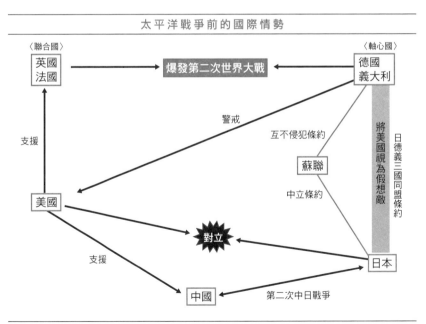

太平洋戰爭前的國際情勢

▶ 以對中戰爭為開端，日美之間的對立關係愈來愈深刻。

同年9月在御前會議（國策會議）上，日本下定結論：如果日美交涉到10月上旬還是沒有進展的話，就要與美國開戰。這個時期的陸軍雖然傾向開戰，海軍卻仍猶豫不決。10月上旬就在這種情況下來臨了。

雖然近衛首相主張就算要撤回先前御前會議的決定，也應該要繼續與美交涉，但陸軍大臣東條英機主張即時開戰，所以近衛首相決定總辭職。

此時，內大臣木戶幸一讓東條英機組織內閣，條件是要讓9月御前會議的決議回歸白紙。但經過一番討論，還是得到與美國開戰是不可避免的結論。不過必須盡量避免開戰的聲音也趨於強烈。

讓這股聲浪沉默下來的是赫爾備忘錄（Hull Note）。這是11月底赫爾在日美交涉時提出的對日要求。

主要內容為「日本軍全面從南方、中國撤軍，承認重慶政府，並且廢除日德義三國同盟條約。」

換句話說，就是叫日本將情況還原至九一八事變以前，這是日本絕對無法接受的強硬要求。日本將這個要求視為美國的最後通牒，於是在12月1日的御前會議上，正式決定對美開戰。

Go back 那麼，為什麼當初日本要與中國展開全面戰爭？

06 為什麼日本會與中國展開全面戰爭？

> 因為日本不再滿足於建立滿洲國，在那之後日本軍還是繼續侵略中國。

建立傀儡國家 —— 滿洲國

為了打贏陷入膠著的對中戰爭，日本開始進軍南方（東南亞），與美國展開一場無法勝利的戰爭。但到頭來，為什麼日本會與中國展開全面戰爭？我們就來探究其中的理由吧。

1931年9月，在滿洲（中國東北部）奉天郊外的柳條湖，通稱滿鐵（半官半民的日本企業）的南滿洲鐵道遭到爆破（柳條湖事件）。關東軍（駐留於滿洲的日本軍）將此事咎責於中國軍，並開啟了大規模軍事行動。這就是九一八事變的開始。

事實上，這個爆破是關東軍所為，目的只是為了製造展開軍事行動、壓制滿洲的理由。計畫此行動的是關東軍參謀石原莞爾。石原深信不久後的將來，**日本與美國會以空戰為中心進行大規模戰爭。為了取得戰爭勝利，他認為應該要將滿洲國納入殖民地，藉此提升國力對抗美國。**

當時在日俄戰爭中獲得勝利的日本，從俄羅斯獲得了以遼東半島為中心的南滿洲地區之利權。但統一中國的蔣介石國民政府，為了奪回被列強奪取的利權，也在進行各種恢復運動。

所以日本的軍部，特別是駐留於現地的關東軍開始擔心滿洲的利權是不是也會被奪回，這正是導致九一八事變的要因之一。

當時的若槻禮次郎內閣對於關東軍擅自行動感到非常憤怒，並發表

對於事變採取不擴大方針。**但是關東軍無視內閣，繼續採取軍事行動**。若槻首相因此對政權的行使失去信心，於是執行總辭職。

關東軍占領了奉天、吉林及黑龍江省後，於翌年1932年3月，**將此三省從中國切離，成立滿洲國**。本來是想將這些地方編入日本領土，但日本政府與軍事中央不同意此事，加上國際批判也日益加劇，所以才改為採取另一種方式。關東軍讓清朝最後一位皇帝溥儀統治滿洲國，令他宣稱以民主共和制立國，實際上它完全就是日本的傀儡國家。

同年9月，齋藤實內閣與滿洲國交換日滿議定書，正式建立國交。換句話說，日本政府正式承認滿洲國為一個國家。

企圖更進一步侵略的後果

在此之前，中國一直表示九一八事變為日本的侵略，並向國際聯盟提出控訴。對此，聯盟組織了李頓調查團前往調查，而調查團在報告書中提到「滿洲的主權應該在中國，滿洲國是不能被承認的。」

收到這份報告的國際聯盟，於1933年2月召開臨時總會，審議了對日本呼籲「關東軍的滿洲占領並非正當行為，軍隊應該撤退至滿鐵附屬地內」的勸告案。該勸告案獲得壓倒性多數的同意票，對此抱持不滿的日本，宣告**退出國際聯盟**。

對此，蔣介石的國民政府判斷，為了不讓日本軍的軍事行動更進一步擴大，只能妥協。於是同年5月雙方締結中日軍事停戰協定（塘沽協定），在滿洲國與中國之間（長城以南）設置非武裝中立地帶，訂下日本軍不能越過這個區域展開軍事行動的規則。也就是說，**中國的國民政府也認同了滿洲國的存在。**

而在妥協背後的理由，是因為**國民政府與共產黨正處於激烈的內戰狀態，沒有餘力可以對付關東軍**。比起「外患」，國民政府決定優先解決「內憂」。

但是，日本無法滿足於滿洲國，為了繼續侵略中國大陸，展開了華北分離工作。這個作戰計畫的目的是將滿洲國周邊的華北五省（河北、山東、山西、綏遠以及察哈爾）納入日本勢力之下。此舉引發中國民眾的憤怒，他們在各地發起反日示威活動，以「從日本手中救出祖國」為號召的抗日救亡

位於大陸的日本勢力圖

▶日本軍企圖將影響力擴張至華北五省。

運動也不斷壯大。在這個背景下，1936年12月，蔣介石被自己的部下張學良囚禁在西安，後者想藉此繼續抗日和停止內戰（西安事變）。

蔣介石最終接受張學良的要求，國民政府停止內戰，將政策大轉向為抗日。

日本看不到盡頭的侵略行為，使原本處於內戰狀態的中國人團結一心，導致日本與中國展開全面戰爭。

Go back

那麼，為什麼日本要侵略中國？

07 為什麼日本要侵略中國，並且建立滿洲國？

因為大部分國民都支持軍部的擴大方針。

無法統制軍部的內閣

關東軍淡然無視若槻禮次郎內閣的不擴大方針，繼續在滿洲推展軍事行動。

為什麼他們可以辦到這種事？首先是內閣與軍隊產生機構上的問題，再來是國民聲音的力量。

根據大日本帝國憲法，軍隊的統帥權（指揮權）不在內閣，而是在天皇手上，但天皇將軍事指揮權托交給了陸海軍。換句話說，若槻內閣沒有命令關東軍直接停戰的權限。

大日本帝國憲法下的國家機構

▶因為大日本帝國憲法的性質，內閣對軍部的影響力並沒有很大。

話雖如此，陸軍大臣也是內閣的一員，所以只要當時的政府盡全力反對，應該不至於無法制止。

沒這麼做的原因，是因為若槻內閣沒有達成內部共識，加上國民非常支持軍部。

九一八事變獲得許多國民的支持

1920年後半，日本社會出現右傾化現象，右翼人士與軍部急速獲得民眾支持。右翼與軍中的青年將校主張「一起改造國家，實現平等的社會吧。**比起個人利益，更注重國家的利益吧**。國民啊，來侍奉國家吧。」這種思想被稱為國家社會主義或是國家主義。

為此思想構築理論的是轉向馬克思主義的高畠素之。高畠在大正時代時，於《國家社會主義》和《大眾運動》等機關刊物上主張國家社會主義，並與夥伴和各大公司揭竿而起推展了國家社會主義運動。從社會主義者到國家主義者，甚至是軍部指導者都被納入召募範圍，組織以國家社會主義為理念的政黨。然而他在1928年逝世，享年43歲。

大川周明和北一輝等人繼承了這股思潮。他們與青年將校合作，推行強化國家權力與社會改良的運動。但其主張愈來愈強烈，以「反既成政黨、打破現狀、革新」等語句為標語，**開始透過政變和恐怖行動企圖實現軍部內閣**。

比如說以橋本欣五郎為中心成立的櫻會，就在1931年策畫了下述行動。大大動員軍國主義者與右翼人士，讓1萬人規模的示威隊聚集在國會議事堂前，使議會陷入混亂，同時對首相官邸與政黨本部進行炸彈恐攻。接著再以這次騷動為由出動軍隊壓制官廳街，讓櫻會信賴的真崎甚三郎進入議事堂，在議場逼迫現內閣總辭職，一口氣成立軍部內閣。

不過計畫在開始之前敗露，以失敗落幕（三月事件）。

然而同年10月，櫻會又被查出要執行相同的計畫。計畫內容為櫻會的青年將校將率領各連隊襲擊首相官邸、警視廳與參謀本部等，殺害國家重臣，占領各省廳及設施，企圖藉此樹立以荒木貞夫中將為首的軍部內閣。

雖然參與該事件的人已被圍捕（十月事件），但傳聞若槻禮次郎內閣對此感到恐懼，所以才無法果斷處理九一八事變一事。

國民右傾化導致第二次中日戰爭

當時，日本國內景氣低落持續了將近十年，但政府（政黨內閣）毫無作為，日益壯大的只有財閥。想打破現況的思維，**讓國民的期望全落在國家社會主義與軍國主義，因此右翼人士與青年將校在政治上的發言力愈來愈強**。

爆發九一八事變後，他們獲得國民近乎狂熱的支持。國民期待獲得比本國國土大三倍的滿洲地區後，說不定景氣就會有所好轉。

1932年，反對承認滿洲國的犬養毅首相被青年將校射殺（五一五事件），但對凶手減刑的陳情運動獲得了大量署名與國民的支持。同年井上日召率領血盟團（右翼集團）揭起「一人一殺」的口號，相繼對前大藏大臣井上準之助、三井財閥總帥團琢磨進行暗殺等恐怖攻擊。

這種風潮不僅沒有減弱，反而獲得國民的支持而愈演愈烈，軍部就這樣繼續侵略中國，引發第二次中日戰爭和太平洋戰爭。

Go
back

那麼，為什麼當時的日本國民要支持軍部呢？

08　為什麼日本大部分國民都支持軍部？

 因為對無法使經濟好轉的政黨政治感到失望。

從經濟起飛到經濟衰退

軍部獲得國民支持的過程，其實就是國民對當時政權（內閣）愈來愈不滿的過程。一言蔽之，**就是當時的日本國民對一直以來的政黨政治感到失望，開始將期待寄託於軍部。**

1905年，日本打贏日俄戰爭。當時以小國之姿擊敗白人為中心的軍事大國是前所未有的大事件，這個消息也給了那些被列強欺壓的小國與殖民地非常大的勇氣。但日本是慘勝，俄羅斯則還有繼續戰爭的餘力，所以講和條約中日本連一圓賠償金都沒有拿到。

出征日俄戰爭的士兵為110萬人，其中有9萬人死亡，13萬人負傷。戰爭費用高達17億日圓。這個龐大費用是日本政府預算的六倍，而且包含7億日圓外債。這使戰爭過後的日本社會疲憊不堪，日本以一個國家背負了相當龐大的債務。

九年後，1914年爆發第一次世界大戰。隔年，稱為大戰景氣的好景氣帶給日本前所未有的經濟繁榮。因為主戰場在歐洲，所以歐洲企業紛紛從亞洲市場（主要是中國）撤退，日本企業藉機將這些洞補了起來。此外，因戰爭經濟蓬勃發展的美國也向日本購買生絲，出口歐洲的軍需品與醫療用品也是供不應求。就這樣在1914年，原本高達11億日圓的國家債務（借款）獲得解決。六年後，日本於1920年成為27億日圓以上的債權國。

但戰爭結束之後出口量急遽縮減，歐洲企業開始回歸亞洲市場。很多企業的股價因此大暴跌，公司和工廠紛紛倒閉。歷經這次戰後恐慌後，緊接而來的是1923年的關東大地震。許多首都圈的工廠與公司因震災相繼倒閉（震災恐慌）。而因震災所發行的震災手形（補債）也呈現赤字無法兌換，所以銀行的信用度降低，從而導致1927年的經濟恐慌。

就這樣從**1920年之後近十年，日本陷入慢性的經濟衰退。**

1920年代的日本經濟

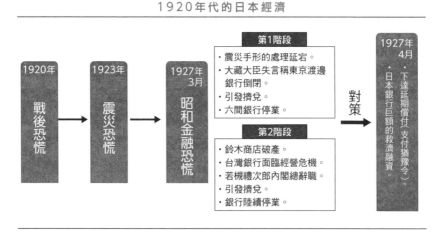

▶因接踵而至的經濟恐慌，日本陷入長期經濟衰退。

國民因恐慌而積累的政治不信任

立憲民政黨的濱口雄幸內閣決定要打破這個狀況。大藏大臣井上準之助在推動財政緊縮政策的同時，也在一定程度上擊潰了因大戰景氣而誕生的不良企業。透過正當化大企業的合併、吸收，讓產業界重組，強化日本的國際競爭力，使經濟獲得復甦。

因此政府決定在1930年實施**金解禁**；在1917年被廢除的金本位制此時復活。

所謂的金本位制，就是讓日圓與金（本位幣）的兌換得到保證的制

度。之前日本將匯率設定為「100日圓＝黃金75克≒50美元」。雖然從那之後已經過十三年，日圓的價值有所下降，但濱口內閣還是決定以同樣的匯率實施金解禁。**因為日圓可以跟黃金交換，所以日圓的價值理所當然會有所提升。雖然日圓變貴對出口不利，但濱口內閣刻意提高價值，藉此淘汰那些不良企業。**

其實在兩個月前，亦即1929年10月，美國華爾街股災造成的經濟大蕭條也波及到了日本。

在這種情況下實行金解禁提高日圓價值，導致日本的商品完全賣不出國，對出口商造成很大的打擊。加上世界級的經濟衰退，讓歐美企業大幅降低產品價格。當時的歐美產品品質比日本製的還要好，所以理所當然的，日本國民選擇了舶來品。

結果連國內的產業業績也大暴跌，破產與停業的公司不斷增加。最終失業人口爆發性地增加，減薪讓人民生活愈來愈困苦。這就是所謂的昭和恐慌。

此外，外銷美國的生絲也賣不出去，造成農村地區的繭與生絲價格大暴跌，人們陷入貧困，陸續出現販賣女童與沒辦法帶午餐到學校的欠食兒童（農業恐慌）等等案例。

反觀擁有資本力量的財閥卻利用這個經濟衰退提升獲利，吸收了中小企業；政府還與這些財閥狼狽為奸，貪汙事件頻發。

在生計不斷惡化的情況下，國民對政府的無能產生了強烈的憎恨與不信任。終於在1930年，濱口首相被槍擊（隔年逝世）；兩年後，實行金解禁的前大藏大臣井上準之助也因暗殺而死。

日本雖從1924年就開啟了政黨政治，但長期以來經濟衰退一直未能解決，民眾漸漸轉而支持提倡擴張主義的軍部與右翼。

Go
back

那麼，為什麼最初日本會開始政黨政治？

09　為什麼日本會有政黨政治的存在？

因為國民不滿以薩長為中心的藩閥政治。

成為立憲國家後也還是不改變的權力者

1889年，政府頒布了**大日本帝國憲法**。這是僅次於土耳其的亞洲國家，於東亞最早出現的憲法。憲法在法律層面上承認了國民的言論、集會、結社和宗教自由，但是這部憲法採取由天皇制定再授與人民的欽定形式，從內容可以看出天皇擁有絕大的權限。

身為行政首長的內閣總理大臣，甚至國務大臣都是由天皇任命，不像現代是由國會（議會）來決定相關人選。重點是天皇所任命的人選，都是薩摩與長州等藩閥的權力者。

其實從江戶幕府倒幕以來，原薩摩藩、長州藩的人一直占據著權力之座。雖然制定了憲法，形式上也算是確立了現代憲法制度，但實際掌權的還是同一批人。

民眾不滿於長期占據權力之座的薩長閥，於是催生了日本的政黨政治，而這段路程絕對無法用平坦來形容。

國民的參與活化了護憲運動

1898年以伊藤博文（出自長州）為首的第三次伊藤內閣，提出地租增徵案，但遭到自由黨與進步黨聯合反對。自由黨與進步黨合併組成憲政黨，成為巨大的政黨，在眾議院中占了壓倒性多數的席次。

所以明治天皇聽取了伊藤的建議，命令黨首大隈重信組織內閣，於

是日本最初的政黨內閣就這樣誕生了。然而由於內部鬥爭，大隈內閣迅速瓦解。

伊藤博文在這一連串的動向中發現政黨的必要性（重點他是出自長州閥的藩閥政治家），於是創立了立憲政友會。1900年，伊藤博文率領立憲政友會成立了政黨內閣（第四次伊藤內閣）。

在那之後，明治時期後半大約十年間，閥族的桂太郎（長州）與立憲政友會的總裁西園寺公望輪流交接掌握政權（桂園時代）。大家可以理解成這是**在藩閥政治與政黨政治之間來來回回**的狀態。

但是國民漸漸認為，應該要由選舉選出的眾議院議員所代表的政黨來組織內閣才對，因此要求廢棄藩閥政治。

在這種情況下，陸軍於1912年要求身為政黨內閣的第二次西園寺內閣增設師團。西園寺拒絕，導致陸軍和其權勢人物山縣有朋反彈，迫使陸軍大臣上原勇作辭退，且不推出後繼者。這個時期，有一個叫做**軍部大臣現役武官制**的規則，陸海軍大臣只能由現役的中將或大將擔任。所以如果陸軍不推薦大臣候補的話，內閣就沒辦法組織了。

因為這一連串的操作，西園寺內閣只好辭職，交棒給在宮中擔任內大臣兼侍從長的閥族桂太郎，讓他進行第三次組閣。

這引起了民眾的憤怒，陸軍被批評專橫霸道。立憲國民黨與立憲政友會開始以「擁護憲政，打破閥族」的標語展開倒閣運動（第一次護憲運動），新聞媒體跟著聲援，民眾也連日跑到議會大喊打倒桂內閣。雖然桂太郎為了躲避責難組了一個新政黨，但運動的規模還是愈來愈大。最後，桂太郎內閣成立五十多日後總辭職。**這是國民以自己的力量打倒閥族內閣的時刻。**

同為閥族的山本權兵衛（海軍，出自薩摩），在得到立憲政友會的支援後得以組閣，但還是無法獲得國民的認同，倒閣運動再次高漲，內閣遭到瓦解。

在這個時期，美濃部達吉表示「天皇其實就是國家的最高機關，應該要遵循憲法行使統治權，獨裁是不被允許的」（天皇機關說）；吉野作造則提倡民主主義，他們都認為**重視國民的民主政治才是世界的趨勢**。也因如此，掀起了一股民主主義風潮，支持政黨內閣的聲音也愈來愈多。

1918年寺內正毅（閥族）內閣因調動軍隊鎮壓米騷動而受到批評，之後被迫總辭職。因此，大正天皇找來原為平民的立憲政友會總裁原敬進行組閣。

這是**日本首次由軍部大臣與外務大臣以外的黨員所構成的內閣，名副其實的政黨內閣。**

人們支持原敬，高呼他為平民宰相。但是政黨政治的根基在此時尚未穩固。1921年原敬首相遭到刺殺，在那之後成立的高橋是清內閣也在短時間內瓦解，之後又持續了三代閥族內閣。此事引來民眾不滿，在樞密院（閥族的據點）議長清浦奎吾組織了以貴族院為基盤的保守內閣後，卻引起民眾更大的反彈。

此時憲政會、立憲政友會與革新俱樂部以「執行普通選舉，改革貴族院」的標語展開倒閣運動（第二次護憲運動）。清浦雖發起眾議院解散總選舉來對抗，但因票數沒有過半，只能執行總辭職。

就這樣，憲政會成了在議會中席次最多的政黨。憲政會的黨首加藤高明，與政友會和革新俱樂部組成聯合內閣（護憲三派內閣），並按照承諾通過賦予25歲以上男性選舉權的法案（普通選舉法）。

從此時到犬養毅內閣瓦解的七年間，政黨內閣最後成為慣例。像這樣從藩閥政治脫離，需要相當長的時間才得以完成。

Go
back

那麼，藩閥政治是在什麼時候、什麼情況下成立的？

10 藩閥政治是在何時、什麼情況下實施的？

> 明治到幕末這段期間所成立的新政府，是以薩長閥為中心建立的。

戊辰戰爭後藩閥政治開始全面發展

所謂藩閥，是由出身於有力且特定的藩（大名家）之人所構成的政治性派閥。藩閥出身的人活躍於幕末維新，成為建立明治新政府的原動力。也就是說，建立明治新政府的就是這批人馬，因此他們能夠站在新政府的中心位置。

在日本史等等的課程中，應該有滿多人將藩閥記作「薩長土肥」（薩摩藩、長州藩、土佐藩、肥後藩）。而到最後還坐在權力之位的就是薩長閥（薩摩藩、長州藩）。就讓我們從新政府成立之時，按照時間序來看看這個過程吧。

1867年12月9日，王政復古的大號令發布，這是剛滿15歲的明治天皇所發出的政權樹立宣言。當然，這並不是天皇本人的意思，而是與大藩的權力者及諸位公卿商量過後才發動的政變。

這天晚上，新成立的政府三職（總裁、議定、參與）在小御所（京都御所中的其中一棟建築物）與天皇召開會議。除了公卿與公家，薩摩、尾張、越前、藝州（安藝）和土佐的藩主與權力者都被選入三職的職位。因此也可以說這五個藩就是新政府最初的藩閥。其中沒有長州藩，是因為他們於1864年率領大量人馬在京都御所周邊爆發軍事衝突（禁門之變）而成為朝敵，而且當時尚未獲得赦免。

這個小御所會議主要是在討論要不要對和平實行大政奉還的德川慶喜解除內大臣之職，並使其返還領地。在激烈的議論中，倒幕派的薩摩藩斷然決定

要實行以上的議題。而這麼做的目的，就是為了激怒德川家。

在此之後，薩摩、長州軍在鳥羽伏見之戰打敗舊幕府軍，實現了江戶無血開城；打贏戊辰戰爭成功統一日本，土佐藩與肥前（佐賀）藩在此戰也大為活躍，所以**掌握新政府大權的都是出自薩長土肥的人**。

1871年，由薩摩的大久保利通與長州的桂小五郎兩人領導，加上西鄉隆盛與土佐的板垣退助之支援，以薩長土三藩的兵力為背景，斷然實行廢藩置縣。就這樣，政治權力集中至新政府，薩長土三藩的力量也變得更加強大。

土佐閥退出，推行自由民權運動

1873年西鄉隆盛主張使用武力讓處於鎖國狀態的朝鮮開國，大久保利通和岩倉具視反對此事，兩人與西鄉隆盛之間的對立隨著時間加劇（征韓論爭）。最終西鄉隆盛在抗爭中失勢，西鄉（薩摩）、板垣退助（土佐）、後藤象二郎（土佐）、江藤新平（肥前）等參議（政府高官）因此決定下野（明治六年政變）。**在這之中，有很多土佐藩的人也跟著退出，以大久保利通為中心的薩長閥因此更加強大。**

在那之後，土佐的板垣退助等人組織立志社（政治團體），向政府提出民撰議院設立建白書。他們主張「制定憲法成立國會，讓在選舉中勝出的人參與政治」，並展開自由民權運動。

另一方面，肥前的江藤新平、長州的前原一誠和薩摩的西鄉隆盛等人發起叛亂，反抗以大久保利通為中心的長州藩閥政府，但他們都被政府軍鎮壓了。

在這種情況下發生了一件撼動新政府的大事件。1878年大久保遭到心懷不滿的士族暗殺，一時之間政府失去領導人。在這之後，以言論攻擊政府的自由民權運動急速高漲。

為了因應此事，出自肥前的大隈重信參議率領慶應閥的官僚，主張政府應立即制定憲法並且設立議會。對於此事，長州閥的伊藤博文與

原本處於敵對的薩摩閥黑田清隆和保守派岩倉具視聯手，將政敵大隈重信趕出政府。這個在1881年發生的事件，稱為明治十四年政變。

此時，政府宣布憲法將由天皇制定再授與人民，而國會則在九年後設立。此後，**政治開始以長州閥的伊藤博文為中心運轉。**

權力中樞都是出自薩長的人

政府於1885年設立了內閣制度；1889年發布大日本帝國憲法。但如前所述，總理大臣與各大臣的人選都由天皇決定，實際上被任命者盡皆薩長閥的有力者。**此後也一直由出身薩摩與長州的人輪流就任首相，而且幾乎所有的大臣職都由薩長人馬擔任。**

軍隊方面，陸軍由長州閥支配，海軍則由薩摩閥支配。警察組織裡也有很多出自薩摩的人員，大部分高級官僚亦由薩長閥的人員擔任。就這樣，薩長藩閥體制漸漸確立。

到了明治時代後半，天皇將輔佐自己的官員任命為元老，在元老會議上選出總理大臣一事逐漸成為慣例。這些元老是從被稱為「維新功臣」的政治家與內閣大臣中選出。但被選上的除了出自公家的西園寺公望以外，其餘都是出自薩長藩。

就這樣從幕末到明治中期，薩長閥持續掌握權力，且在明治末期鞏固了這些支配體制。

Go
back

那麼，為什麼薩摩藩和長州藩有辦法在眾藩中脫穎而出，躍進幕末？

11 為什麼薩摩藩與長州藩有辦法在幕末發揮他們的政治力量？

因為他們成功改革藩政成為雄藩，並促成倒幕運動。

薩長藩採取的獨門財政重組政策

所謂幕末，一般來說是指1853年佩里（Matthew Calbraith Perry）來日，到江戶幕府滅亡之間約十五年的時間。也有一些學者將1830年幕藩體制開始崩潰後，1840年初天保改革以失敗落幕的時間點作為幕末的開端。

在此背景下的天保時代，各藩開始改革政策（藩政改革）。在這之中成功改革的有薩摩藩、長州藩、土佐藩、肥前（佐賀）藩及越前藩等等。沒錯，都是在幕末發揮強大力量的藩。在江戶時代，擁有強大經濟力與政治力的藩被稱為雄藩，這些藩都是透過藩政改革強化了自身經濟力而成為雄藩。特別是薩摩藩與長州藩，在改革成功後都發揮了強大的力量，我們來看看詳情吧。

首先是薩摩（鹿兒島）藩。從1827年開始，薩摩藩在調所廣鄉的主導下著手改革。只是這個改革的內容有點令人難以置信。

當時薩摩藩背負了鉅額債務，而調所卻以令人吃驚的方法解決了這些債務。首先是尋找新的銀主（願意借錢的商人），然後以此將債務全數解決。

當然新銀主如果沒有相應的利益，是不會融資給面臨破產的薩摩藩；新銀主期待的是黑砂糖的生產。從紅甘蔗所提煉出的黑砂糖是薩摩藩特產，其他藩幾乎無法生產。當時砂糖的需求不斷增加，如果沒

有龐大的債務，薩摩藩就是名副其實的優良股了。新銀主對於能夠壟斷這個事業感到非常有興趣，於是接受了這筆交易。

因此，薩摩藩為了從奄美大島、德之島和喜界島這三個生產黑糖的產地徹底榨取黑糖，遂將黑糖作為稅金徵收。除此之外，也向領民（領主）用便宜的價格收購黑糖，並鼓勵人們抽乾稻田改種紅甘蔗。

廣鄉徹底消減經費進行節約，將支出縮減至極限，並採取一切手段來增加收入。他努力發展和增加各種產品的生產，如香菇、硫磺、薩摩燒、菸草、薑黃、蓼藍、鰹節、絲織品、棉織品、皮革和鹽等。

但是獲得最多收益的卻是無法公諸於世的違法事業。廣鄉透過受薩摩藩支配的琉球王國，向清（中國）積極進行走私活動，並在日本祕密販售這些受歡迎的唐物（進口商品）。更令人難以置信的是，他們開始製作一分金或一分銀等假幣。因黑糖專賣、中國走私貿易與製造假幣，薩摩藩一下子富有了起來。

接下來簡單說明一下長州藩的狀況。長州（萩）藩的改革重任由村田清風擔當。他以三十七年賦皆濟仕法整理了龐大的債務，並強化紙和蠟的專賣制度。比較特別的是，他在領內的下關設置稱為越荷方的機構，收購從瀨戶內海以貨船運送到大坂的貨物（越荷），或是接受委託販賣那些貨物，從而獲取龐大利益。

天保時期前後的藩政改革結果，薩長兩藩透過增強武力與經濟力一躍成為雄藩，獲得了可以左右幕末政局的強大力量。

Go back

那麼，為什麼薩長兩藩可以在倒幕運動取得成功？

12 為什麼薩長兩藩可以在倒幕運動中取得成功?

因為他們對提高權威的天皇成功做出貢獻。

來自外國的威脅間接提升了天皇的權威

　　幕末時期,天皇的權威一下子提高了許多。

　　雖然古代的天皇(朝廷)握有政治權力,但到了鎌倉時代,就被武家奪走了地位。在那之後的室町及江戶時代也都是由武士掌權,這個情況持續了約七百年。

　　就這樣,在這混亂的幕末,堅持拒絕開國與外國通商的孝明天皇凝聚了民心,在倒幕的大潮中逐漸成為政治性象徵。

　　而江戶幕府方面,一直以來都是採取天皇任命德川家的當家為征夷大將軍,並將政權轉讓給將軍的政治形式。所以將天皇視為高貴存在的尊王論早已是武士的常識,幕府也接受了這個現象。同時為了不要讓天皇的存在淪為政治道具,因而制定了「禁中並公家諸法度等法令」來抑制朝廷與天皇的行動。

　　到了19世紀,外國船隻開始在日本周邊海域頻繁出沒。他們來尋求糧食和水,或是要求進行貿易的行為愈來愈明顯。對於這些外國帶來的刺激,日本國內興起尊王攘夷論,認為「日本是存在活著的神(天皇)的國家。我們不能允許卑賤的外國人來汙染這塊神國的土地。我們應該在天皇之下團結一心,將外國人趕出去。」

　　在這種背景下,佩里的開國騷動以及負責應對此事的老中首座阿部正弘,促使天皇的權威更進一步提升。

　1853年，美國東印度艦隊司令官佩里率領四艘軍艦來到浦賀，要求幕府開國。但其實幕府的高層在一年前就知道佩里要來了，因為與日本持有貿易關係的荷蘭告知了這項消息。

　但是幕府對此完全束手無策。會這麼說，是因為荷蘭帶來的情報有很大一部分都無法確定真偽。在佩里到來的七年前，美國東印度艦隊司令官貝特爾就來過日本，彼時日本拒絕開國後他就乖乖回去了。所以幕府高層就大意地認為「如果佩里真的來了，那就態度堅決地拒絕，這次應該也會乖乖回去吧。」

　但是佩里的態度非常強硬，表現出不惜發動戰爭的態度將美國總統的國書強推給日本。對此感到驚嚇的幕府表示需要一年的時間思考答覆，並接收國書讓佩里回去。

　這時幕府的首腦是阿部正弘。

　面對這個難題，阿部決定聽取全國的意見。他向各個大名與幕臣詢問開國意願，然後再將情況報告給孝明天皇。因為此事，天皇的存在成為焦點，**也成為至今為止無法參與政治的人對政治覺醒的契機。**

　向幕府提出的意見中，以「應該將外國人趕走」的建議占了多數，但阿部分析世界局勢後還是決定開國。1854年，美國與日本就這樣締結了神奈川條約。

　締結條約的兩年後，哈里斯以美國駐日公使身分來到下田。哈里斯強烈要求與幕府締結通商條約，交涉的結果也確立了這件事。只是，大名中有不少人表示反對。在這樣的情況下，身為老中的堀田正睦為了讓他們接受此事，親自觀見權威正不斷提升的天皇，報告事情狀況並尋求敕許。

　但是，孝明天皇卻表示他不願接受通商。

　吃驚的堀田雖然曾為天皇與朝廷處理了許多政事，但因無法改變天皇的想法，逐漸在政治中失勢。

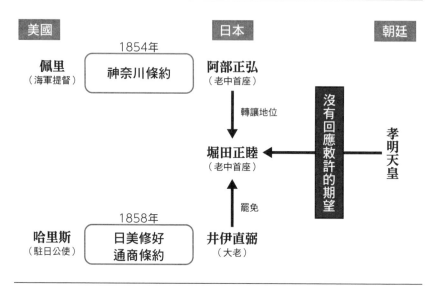

▶ 民眾認為決定開國的幕府軟弱無力，幕府權威逐漸下降。

雄藩代替幕府興起

在那之後繼承幕府首腦之位的大老井伊直弼，在沒有獲得天皇敕許的情況下與美國締結日美修好通商條約，並向反對派進行大規模鎮壓（安政大獄）。對此感到無比憤怒的水戶浪士，在1860年暗殺了井伊（櫻田門外之變），幕府的權威因此一落千丈。

此時，身為老中的安藤信正，讓權威不斷提升的天皇妹妹 —— 和宮嫁給第14代將軍家茂，打算藉此緩和幕府與朝廷之間的關係（公武合體政策）。然而水戶浪士卻認為此舉無異於將天皇的妹妹送至江戶作為人質，於是在坂下門外襲擊了安藤（坂下門外之變），安藤因此在政治中失勢。

就這樣，在幕府的威信又更進一步降低的情況下，以長州藩士為中心的志士組成了尊奉孝明天皇的軍隊，並構思著排除外國人，同時打

倒幕府的計畫。

最終計畫以失敗收場，這次換會津藩、薩摩藩（公武合體派）和德川家的一橋慶喜去尊奉天皇，並利用天皇權威掌握權力。

但此時薩摩突然與長州聯手（薩長同盟），受到薩摩支援的長州軍，打敗了幕府的征討軍（第二次長州征討）。

就這樣，倒幕的勢頭迅速增長，也加速了以天皇為中心的新政權之建立。

回過頭來看，無視以天皇為首的眾多大名和民眾的反對意見，斷然進行開國一事，加速了幕府的瓦解。

薩長同盟關係圖

```
          原土佐藩士
          坂本龍馬          朝廷
          中岡慎太郎
                            放逐
   牽線            牽線        ↓

薩摩藩        對立        長州藩
西鄉隆盛                桂小五郎
小松帶刀

                            征討
                            ↑
     同盟
    （盟約）        幕府
```

▶ 原本水火不容的薩摩藩與長州藩，因為有了名為倒幕的同一目標而聯手。

Go
back

那麼，為什麼幕府決定對列強開國通商？

13 為什麼幕府對列強實行開國與通商？

因為來自美國的佩里強硬要求開國。

締結條約一事讓幕府的權威一落千丈

其實，迫使日本開國的原因不是只有佩里。到了19世紀，除了美國，俄羅斯與英國等國家也曾對幕府提出開國要求。雖然要求開國的理由五花八門，但大略地說，可以理解為成功**經歷工業革命且提高軍力的國家（列強諸國），為了拓展市場而放眼東亞。**

在這些國家之中，1853年來到日本的佩里，態度比其他國家強硬了許多。而接下來的哈里斯也以堅韌頑強的態度，讓日本在開國的狀態下簽訂通商條約。以下將從佩里來日開始說明。

佩里VS幕府

佩里率領由四艘船組成的艦隊，從維吉尼亞州的諾福克出港，橫越大西洋，經過開普敦、斯里蘭卡島、新加坡、香港、澳門、上海與琉球王國等，歷時八個月後，於1853年6月3日（陽曆7月8日）抵達浦賀。

對此，浦賀奉行所出動了大量船隻，船首朝向佩里艦隊將他們包圍起來，並警告「不許再更進一步深入江戶灣」。包圍艦隊的同時，幕府人員甚至試圖登上黑船。看到這幕景象的佩里，將船艦大炮朝向市區，槍口指向企圖上船的幕府人員。受到驚嚇的幕府人員於是放棄登上黑船。

佩里方威嚇喊話，表示「我只跟幕府高官交涉。如果不撤去黑船周

邊的巡邏船，我就要發動武力攻擊」。

之後，佩里允許三名代表人員登上黑船，但仍強烈要求開港，還逼迫幕府接收菲爾莫爾總統的國書。

之後奉行所的人員要求佩里回航至國際港長崎，但遭佩里拒絕。束手無策的政府人員只好解除對黑船的包圍網，從遠處觀察這支艦隊。

突然佩里的黑船降下十幾艘小艇，開始深入江戶灣並擅自進行量測工作。以保護測量船的名義，派遣巨大的蒸汽船航駛至江戶市區附近。如果被全副武裝的黑船攻擊，江戶薄弱的炮台根本不是它的對手。當然，江戶市町也會瞬間變成焦土，幕府的權威也可能會跟著一落千丈。

所以阿部正弘等人才會不得不接收菲爾莫爾總統的國書，並立下「開國與否明年再給出答覆」的約定，讓佩里撤回艦隊。

隔年，與再次來到日本的佩里締結神奈川條約，實施開國。

兩年後，1856年美國第一任駐日公使哈里斯來到下田就職。因為神奈川條約並沒有包含通商條約，所以哈里斯帶來美國的命令，要求與幕府締結通商條約。

經過一年以上的交涉，幕府終究同意了通商條約。只是如前所述，孝明天皇並沒有承認此條約。

老中首座堀田正睦因為無法取得孝明天皇的敕許，在政治中失勢。大老井伊直弼則於1858年6月，在沒有獲得天皇敕許的情況下擅自簽訂了日美修好通商條約。

井伊直弼允諾不平等條約的背景

讓井伊直弼下定決心的，是亞羅號事件所帶來的影響。

所謂的亞羅號事件，就是在1856年，英國船隻亞羅號因有海賊船嫌疑而被清朝官員在廣東港臨檢的事件。憤怒的英國與法國聯手在廣東進行軍事鎮壓，並入侵到了天津。在戰爭中獲得勝利的英國與法國，

強迫戰敗的清朝簽下不平等條約。三方於1858年6月締結天津條約。

知道此事的哈里斯，向江戶幕府解說了英國與法國的威脅，並與幕府約定「如果與美國締結最初的條約，就會成為先例，之後英國與法國如果強行要來簽訂更加不平等的條約，美國會堅決地制止他們。」

因此井伊直弼才會在沒有敕許的情況下，下定決心擅自簽訂條約。

日美修好通商條約中，有一個叫做領事裁判權的項目，也就是現在所說的治外法權的一種。其內容大致上為：「**在日本（居留地）犯罪的外國人，會由他們所屬國籍的駐日領事來審判，日本人沒有審判外國人的權力。**」

此外，日本也沒有決定關稅的權力。條約中採用了協定稅則的不平等制度，日本必須與美國討論之後才能決定稅率。

隔年，列強開始在橫濱、箱館以及長崎等地展開貿易，出口商品生絲與茶葉供不應求，造成價格暴漲。這個現象連帶地讓各種物價紛紛飛漲，平民的生活變得愈來愈辛苦。**排斥外國人的攘夷思想因此高漲，幕府的信用也隨之下降。**

換言之，屈服於佩里強硬的開國態度，甚至開啟通商，成為幕府崩壞的原因之一。

Go back

那麼，為什麼美國會在這個時間點，執拗地逼迫日本開國？

14 為什麼美國要執拗的要求幕府開國？

 因為想將日本作為捕鯨船的中途停靠港。

美國的思慮與日本的對外政策

捕鯨問題是佩里來到日本要求進行開國的原因之一。

17世紀中葉，北美地區開始從事捕鯨行業。到了18世紀，因為過量捕撈導致沿岸地區的漁獲量驟減，因而開始使用大型船隻遠航至太平洋捕鯨。

1776年建國的美利堅合眾國盛行捕鯨業，他們以夏威夷群島等地作為基地，將捕鯨區域擴張至整個太平洋。到了19世紀初，因為日本附近海域有大量鯨魚，所以捕鯨船紛紛來到此處。只是因為基地位在遙遠的夏威夷，陸續出現了許多遇難、用盡糧食和燃料的船隻。也因此美國才想將日本作為捕鯨船的暫時停靠港。

加之美國與清國（戰敗後的清朝）的貿易盛行，將日本當成暫時停靠港對貿易船來說也是非常必要的。

但是當時的幕府除了對幾個特定的國家以外，都沒有進行交際或貿易，甚至在1825年發布了異國船驅逐令。簡單說明這項法令，就是「不論在哪個港口看到異國船隻，不由分說打跑它就對了。如果他們登上陸地就把他們抓起來，就算殺掉也沒關係。」是一項激進的政策。其實在19世紀，常常有異國船隻跑到日本，因此造成許多問題。

費頓號事件的衝擊

比如1808年出現在長崎海灣偽裝成荷蘭船隻的英國費頓號，綁架了從出島迎接船隻的兩名荷蘭商館人員。當時英法正處於戰爭狀態，被法國吞併的荷蘭也與英國處於敵對關係。故而英國攻擊了荷蘭在亞洲各地的據點與船隻。配備38門大炮的軍艦費頓號，完全是以拿捕荷蘭船隻為目的前往長崎港。

在那之後，費頓號降下三艘小艇，每艘小艇不僅配有兩門大炮，還載著一群手持步槍的武裝兵。小艇悠悠地巡視海灣，確認沒有荷蘭船隻停靠後才撤回本艦。

費頓號要求長崎奉行所，以水和柴薪交換人質。長崎的港口雖然是由佐賀藩與福岡藩負責警備，但是兵力稀薄加上兩藩都沒有援兵到場，因此長崎奉行松平康英只好答應他們的請求，並在費頓號揚長而去後，立刻切腹謝罪。

費頓號事件帶來的巨大衝擊，讓幕府馬上在長崎海灣的內外以及長崎半島周邊建造多座台場。結果原本僅有39門大炮的炮台一口氣變成了113門，幾乎是原本的三倍之多。

尊王攘夷論高漲

在蝦夷地（於現今北海道）常常發生俄羅斯襲擊國後島和擇捉島等島嶼的事件。1824年，英國船隻突然出現在水戶藩領大津濱，十二名船員分乘兩艘小船登陸海灘。這時使用筆談出面調解的，是水戶藩學者會澤安。筆談過後，他確信這群外國人是想來日本傳播基督教，並企圖侵略。於是在隔年著作《新論》，主張「存在天皇的神國日本不能被外國人玷汙，應加以排除。」《新論》確立了尊王攘夷論，成為幕末志士的聖經。

大津濱事件兩個月後，薩摩藩領的寶島也出現了英國捕鯨船來尋求

作為糧食的牛隻。當地官員拒絕後，英國人開始企圖掠奪當地牛隻。此事導致槍戰爆發，造成一名英國人死亡。

因為這類問題頻發，幕府決定發射幾發大炮來驅趕那些外國船隻，從而節省交涉帶來的麻煩和費用。

因此在1837年，發生了莫里森號為了送船上的日本漂民回國，並進行貿易交涉來到浦賀，卻被浦賀奉行所炮擊，且在其他地方也受到炮擊的事件。莫里森號是美籍船隻。

美國利用此事當作談判籌碼，派遣佩里前往日本，尋求捕鯨船與貿易船的暫時停靠港。

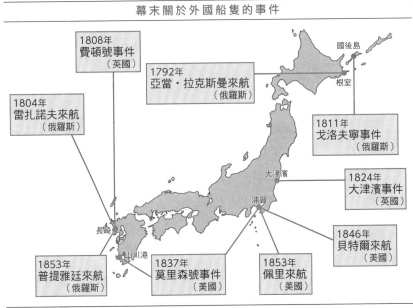

幕末關於外國船隻的事件

- 1808年 費頓號事件（英國）
- 1792年 亞當・拉克斯曼來航（俄羅斯）
- 1804年 雷扎諾夫來航（俄羅斯）
- 1811年 戈洛夫寧事件（俄羅斯）
- 1824年 大津濱事件（英國）
- 1846年 貝特爾來航（美國）
- 1853年 普提雅廷來航（俄羅斯）
- 1837年 莫里森號事件（美國）
- 1853年 佩里來航（美國）

國後島　根室　大津濱　浦賀　長崎　仙川港

▶ 日本各地於幕末都發生了涉及外國船隻的事件，幕府也因此必須解決這些問題。

Go back

那麼，為什麼美國要在捕鯨業上投入那麼多精力？

15　為什麼美國盛行捕鯨業？

因為在工業革命的過程中，鯨魚油是不可或缺的。

始於英國的工業革命浪潮蔓延至美國

美國要求幕府開國的理由，與其說是想把日本變成殖民地，如前所述，不如說他們更想將日本作為捕鯨船與貿易船的暫時停靠港。

只是捕鯨目的並不是要將鯨魚作為糧食食用。肉的部分幾乎都會被丟棄，他們只是要從鯨魚身上提取油脂。

而採到的油則用於點燃燈火。**美國在這個時期正開始了工業革命**，資本家在夜晚持續點亮工廠的燈火，讓勞工不斷地製造產品。為了點亮那些燈火，鯨魚油是不可或缺的。

其實最先發起工業革命的，是18世紀後半的英國。因為蒸汽機、工業機械與製鐵技術等等的發展，英國成為有能力製造大量優良商品的工業大國，並且出口大量商品至歐洲。隨著商品供不應求，法國也開始了工業革命。

結果，英國與法國為了賣出自己的商品到印度和東南亞，在19世紀前期來到遠東。

這些列強諸國，為了得到新的市場可以說是無所不用其極。如果對方是未開化的國家，就使用武力威脅將其變成殖民地，再將自國生產的商品大量賣到此地，並以便宜的價格買入該地資源，接著再用這些資源去製造商品，然後再賣回殖民地。這種做法被稱為帝國主義。

於東亞地區，在第一次鴉片戰爭中被英國打敗的清國，不僅被迫開

國，連香港也被奪走。幕府收到這個情報後，決定在1842年廢除異國船驅逐令，反而提供來到日本的外國船隻柴薪（燃料）、水和糧食。這個法令叫做天保薪水給與令。

從一開始趕走外國船，到承諾給予外國船柴薪和水，最後走向開國之路的日本，從國外的視角看來，就是**從英國開始的工業革命浪潮波及到美國之後，因為美國對鯨魚油的需求，引發對日之暫時停靠港的需求。**

江戶幕府面對外國的應對變化

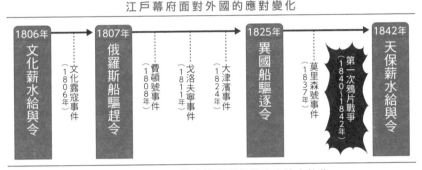

▶ 身為大國的清國被英軍打敗後，幕府對外國的態度也隨之軟化。

如果回頭看看本章開頭，從開國之前歷經多次戰爭到現在，**日本可以說往往都在外國動向的影響之下，才決定國家前進的道路。**以英國工業革命為背景，最初讓日本打開國家門戶的是美國。占領日本，然後在那之後協助日本成為經濟大國的也是美國。此外，中國（近年以「爆買」行為滋潤了日本經濟）與俄羅斯的發展，也一直與日本存在某種聯繫，從江戶時代到現在，對日本都產生了不少影響。

雖然現代已經有很長一段時間沒聽到全球化呼聲，但如果仔細回顧歷史，就會發現日本其實從幕末前夕（實際上是更早之前）就一直是處於國際社會影響下營運的國家。

01 主題 明治時代以後的文化

　　明治政府推進了國民生活與文化的近代化，積極地納入歐美生活習慣與近代思想，從而引發了文明開化風潮。

　　西洋的風俗以大都市為中心擴展開來，牛鍋爆發性流行，穿著西洋服飾與鞋子的人也逐漸增加。髮型從丁髷變成了散切頭，街頭開始看得到人力車與鐵軌，紅磚造的西洋建築在銀座櫛比鱗次，甚至亮起了瓦斯燈。

　　思想方面，森有禮等知識分子組成明六社，在《明六雜誌》介紹自由主義、平等主義與天賦人權論等歐美近代思想。創立慶應義塾的福澤諭吉所著之《學問之勸》，則奪得了最佳銷售。

　　明治時代中期，興起強調民族與國家的國粹保存主義。甲午戰爭後，高山樗牛開始吹捧日本主義，並支持日本的大陸擴張政策；政府也推行「國家利益優先於個人利益」的教育。

　　但到了大正時代，開始流行起社會、共產主義思想與吉野作造的民本主義（民主主義）；普選運動、婦女運動與勞工運動也逐漸興起。這些現象我們統稱為大正民主。

　　大正時代還出現了文化大眾化的現象。新聞與雜誌數量增加，出現一本一日圓的廉價文學全集圓本，與價格低廉的岩波文庫。1925 年，東京與大阪開始無線廣播。都市區開始興建鋼筋水泥住宅與文化住宅（西式市民住宅）；一元計程車與市區公車在馬路上奔馳，地鐵也隨之開通。在丸之內商業區工作的上班族愈來愈多，也開始出現職業婦女。

　　但是在那之後因為長期的經濟衰退，國家主義、對外擴張政策與軍國主義相互結合，形成了超國家主義。日本也因此開啟第二次中日戰爭與太平

洋戰爭。

戰敗後，日本在美國的支配下成為民主主義國家，美國文化有如怒濤般地湧入日本。

1949年，湯川秀樹成為第一位日籍諾貝爾獎獲獎人，立下一大創舉。溝口健二與黑澤明的日本電影也在國際上獲得極高評價。1953年電視廣播開始，這個時期迎來了高度經濟成長期，三神器（電視、洗衣機、冰箱）、3C（自家用車、彩色電視機、冷氣）等耐用品逐漸普及，引發了消費革命。日本人民開始過著豐富且文化的生活。

關於明治以後的四個文化

文化	特徵	代表事物
明治時期的文化	納入歐美風俗的文化。	**＜文學＞** 《學問之勸》、《浮雲》、《舞姬》、《金色夜叉》、《高野聖》、《我是貓》、《少爺》、《破戒》、《一握之砂》、《亂髮》 **＜建築＞** 鹿鳴館、日本銀行本店
大正時期的文化	瀰漫西洋風格的華麗大眾文化。	**＜文學＞** 《羅生門》、《鼻》、《一個女人》、《伊豆的舞孃》、《要求太多的餐廳》 **＜建築＞** 東京車站、地鐵銀座線
昭和時期（戰前）的文化	一直以來的日本文化與西洋文化互相結合而成，以市民為中心的文化。	**＜文學＞** 《蟹工船》、《山椒魚》、《細雪》 **＜建築＞** 帝國議會議事堂（國會議事堂）
昭和時期（戰後）的文化	隨著經濟增長一同成長的開放文化。	**＜文學＞** 《二十四隻瞳》、《金閣寺》 **＜建築＞** 日本武道館、東京鐵塔、東海道新幹線

▶ 在納入西洋文化的同時，現代日本文化的基礎也逐漸成形。

不平等條約的改正

　　江戶幕府的大老井伊直弼在1858年與美國締結日美修好通商條約後，其他列強諸國也向日本跟進了這項條約，但這些條約都不平等。日本不僅沒有關稅自主權，還必須承認讓犯下罪行的外國人由該國的領事進行審判的治外法權（第50頁）。

　　1872年，以岩倉具視為首的使節團為了改正條約，向美國提出預備交涉，但以失敗告終。1878年寺島宗則外務卿將交涉範圍縮小至稅權（關稅自主權），成功與美國簽訂新條約。但是這項新條約有一個附帶條件，那就是其他國家也要承認日本的稅權回復，新條約才得以實施。結果此事以英國與德國反對告終。

　　外務大臣井上馨為了不要重蹈寺島的覆轍，取消個別交涉談判，在預備會議上集結各國代表並提出改正案，讓代表了解此事後再正式交涉。然而改正條約的代價是日本必須承認內地開放（向外國人開放日本國內）與外國人判事任用，政府內部因此出現反對的聲音，交涉被迫中斷。

　　繼任外務大臣的大隈重信則展開祕密交涉，然而與英國的交涉內容「只限大審院（最高法院）可以任用外國人判事」的情報洩漏到泰晤士報，大隈重信被憤怒的右翼人士炸彈襲擊，身負重傷。交涉也因此沒了進展。

　　因為上述案例，外務大臣青木周藏決定在談判中不讓對方加上附加條件，再度與最不情願的英國展開交涉。當時英國期待日本可以阻擋俄羅斯的南下政策，否則繼續下去可能會侵害到英國在清國的利權。也因為這些緣由，與英國的交涉相當順利。但是在1891年，訪日的俄羅斯帝國皇太子尼古拉被擔任護衛的警察津田三藏襲擊受傷（大津事件）。外務大臣青木引咎辭職，與

英國的交涉也隨之中斷。

　　直到1894年，領事裁判權才終於被廢除。外務大臣陸奧宗光接手了青木的交涉，簽訂日英通商航海條約。直到1911年，外務大臣小村壽太郎與美國簽訂日美通商航海條約後，日本才恢復關稅自主權，得以締結完全的平等條約。

從幕末到明治初期的外交

年分	負責人（職位）	事蹟
1858 （安政5）年	井伊直弼 （大老）	以日美修好通商條約為契機，與其他列強諸國也簽訂了條約。
1872 （明治5）年	岩倉具視 （特命全權大使）	與美國進行首次修改條約之預備交涉，以失敗告終。
1878 （明治11）年	寺島宗則 （外務卿）	將交涉範圍縮小至關稅自主權與美國交涉並成功簽約，但因為英國與德國反對，條約改正無效。
1882～1887 （明治15～20）年	井上馨 （外務大臣）	因為修改條約所付出的代價內容消息走漏，引發政府與輿論一面倒的反對。交涉終止，井上辭職。
1888～1889 （明治21～22）年	大隈重信 （外務大臣）	與美國等國簽訂改正條約，但因修改的條件，反對聲音愈來愈多，大隈也因此遭到襲擊身負重傷而辭職。修訂過後的條約並沒有生效。
1890～1891 （明治23～24）年	青木周藏 （外務大臣）	與英國單獨交涉，但在進行途中因大津事件而負起責任辭職。
1894 （明治27）年	陸奧宗光 （外務大臣）	與成為駐英公使的青木一起與英國交涉，成功締結日英通商航海條約。廢除領事裁判權（治外法權），並讓其他列強諸國跟進此項。
1911 （明治44）年	小村壽太郎 （外務大臣）	在甲午戰爭與日俄戰爭中獲得勝利，整備近代國家的體制，並與美國締結日美通商航海條約，恢復關稅自主權，其他列強諸國跟進此項。

▶ 從安政條約到修訂平等條約，花了約五十年的時間。

03 主題 | 日本的領土擴張

幕末時期，暫時占領對馬的俄羅斯向日俄雜居之地的庫頁島送進囚犯與軍人，以加強地域支配。感受到俄羅斯南下政策威脅的明治政府，讓屯田兵進入北海道加強北方的防備。

此外，日本本來想讓處於鎖國狀態的朝鮮開國，藉此一同防備俄羅斯，但朝鮮拒絕開國。因此日本於 1875 年派遣軍艦至首都漢城（首爾）鄰近的江華島，在沿岸地區發動挑釁行為。果然，受到了朝鮮軍的炮擊，明治政府藉機挑起戰爭並追究戰爭責任，於隔年強迫朝鮮簽訂江華條約（不平等條約），使朝鮮開國。

在此之後，以朝鮮宗主國自居的清國與日本對立，於 1894 年爆發甲午戰爭。戰爭以日本取得大捷落幕，雙方簽訂和平條約，清國割讓台灣與遼東半島，並承認朝鮮為獨立國家。與此同時，俄羅斯找來法國與德國聯合要求返還遼東半島（三國干涉），日本只好答應他們的要求。

其後俄羅斯占據了清國的滿洲地區，並開始將勢力擴張至朝鮮半島。日本在 1904 年發動日俄戰爭，好不容易獲得勝利，並且在隔年 1905 年簽訂的樸茨茅斯條約（日俄和平條約）中，讓俄羅斯承認日本對於大韓帝國（韓國）的指導權。

接著在第二次日韓協約中，剝奪韓國的外交權，在漢城設置統監府。隨後在第三次日韓協約中剝奪其內政權，強制解散軍隊。最終在 1910 年，日本將韓國併入版圖。

1919 年因第一次世界大戰的凡爾賽條約，日本以委託的形式統治著赤道以北的德國領地南洋群島。

　　日本在樸茨茅斯條約中獲得南庫頁與南滿洲的利權後，日本陸軍（關東軍）於1931年在滿洲全境展開軍事行動。第二年，滿洲國成立，但實際上是日本的傀儡國家（第27頁）。

　　然而日本無法滿足於此，一方面也是為了打破長期下來的經濟衰退，日本將勢力伸展到華北五省。此事成為第二次中日戰爭與太平洋戰爭的要因。雖然在太平洋戰爭初期，日本占領了菲律賓、關島和南太平洋的其他島嶼，但於1945年戰敗後，失去了所有殖民地。

日本在甲午戰爭與日俄戰爭後的勢力範圍

俄羅斯

蒙古

滿洲

南庫頁（薩哈林）

遼東半島
※於1895年交還。

關東州
※於1905年租借。

韓國※於1910年合併。

對馬

清

台灣

日本以樸茨茅斯條約獲得南庫頁與南滿洲的利權，並且讓俄羅斯承認日本對於韓國的指導權（保護權）。

日本因馬關條約獲得遼東半島與澎湖群島，並使沙市（長沙）、重慶、蘇州與杭州的港口對日開放。

旅順

遼東半島

重慶　沙市　蘇州

杭州

台灣

澎湖群島

▶ 戰爭勝利後，日本逐漸增加在大陸和其他地方的領土。

04 主題 | 獲得參政權

　　到江戶時代為止，一般庶民是不被允許參與政治的。然而以板垣退助為首在明治六年政變下野的參議，向政府（左院）提出了民撰議院設立建白書。以此為契機，日本政治發生了極大的轉變。

　　建白書的內容，批判了大久保利通等高級官員的專制政治，要求政府設立國會，讓國民的代表能進入其中參與政治。

　　此事傳出之後，引來巨大的迴響。不只士族，連豪農（握有資產，且為當地有力者之農家）與一般農民也響應了這個運動。

　　被自由民權運動壓迫的明治政府因而制定了憲法，在條文中明記將會開啟國會。國會分為眾議院與貴族院的兩院制，而眾議院的人員由選舉獲勝的議員構成。

　　但是，被賦予選舉權的條件是年滿25歲的男性，且繳交15圓以上直接國稅的富豪。日本國民中，只有1.1%的人民享有此權利（45萬人左右）。這個稅金限制在山縣有朋內閣時期（1900年）逐漸趨緩。繳納稅金的額度下降到10圓，享有權利者倍增至98萬人，但整體也只占日本國民的2.2%。

　　因為大正民主高漲，向立憲政友會的原敬內閣要求普通選舉權的聲音愈來愈多，但原敬認為時機還未成熟，所以沒有完全廢止限制，而是將納稅額限制下降至3圓。為此不滿的民眾，在1920年動員了數萬人展開示威活動。雖然身為在野黨的憲政會在議會上提出了普通選舉的法案，但原敬祭出解散眾議院來與之對抗。選舉的結果，原敬率領的立憲政友會大勝，普通選舉運動因此受挫。

　　但是，普通選舉運動在這之後頑強地繼續活動，並於第二次護憲運動打倒了清浦奎吾內閣。在此之後帶領護憲三派（憲政會、立憲政友會、革新俱樂部）

進行組閣的加藤高明，於1925年實現了普通選舉法。不過普通選舉法所賦予的選舉權仍僅限於年滿25歲的男性，女性獲得選舉權已經是太平洋戰爭後1946年的事情了。

此外，第一回的總選舉誕生了39名女性議員。

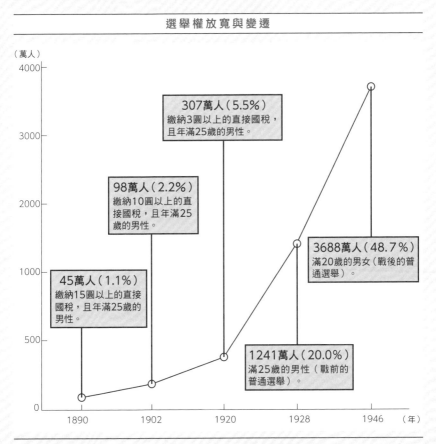

選舉權放寬與變遷

（萬人）

307萬人（5.5%）
繳納3圓以上的直接國稅，且年滿25歲的男性。

98萬人（2.2%）
繳納10圓以上的直接國稅，且年滿25歲的男性。

45萬人（1.1%）
繳納15圓以上的直接國稅，且年滿25歲的男性。

3688萬人（48.7%）
滿20歲的男女（戰後的普通選舉）。

1241萬人（20.0%）
滿25歲的男性（戰前的普通選舉）。

1890　1902　1920　1928　1946　（年）

▶ 戰前的普通選舉，全日本只有五分之一的國民擁有選舉權。

年代	天皇	重要事件
1955年	昭和	開啟高度經濟成長期，成為經濟大國。
1948年	昭和	遵照GHQ的指示實行經濟安定九原則。
1945年	昭和	接受波茨坦宣言，對聯合國無條件投降，並依照GHQ的指示實施五大改革。
1941年	昭和	與美國展開太平洋戰爭。
1940年	昭和	締結日德義三國同盟條約。
1933年	昭和	退出國際聯盟。
1931年	昭和	發生九一八事變，後演變成與中國的全面戰爭。
1927年	昭和	發生昭和金融恐慌。
1923年	大正	發生關東大地震。
1912年	大正	發起第一次護憲運動。
1894年	明治	締結日英通商航海條約、爆發甲午戰爭。
1889年	明治	頒布大日本帝國憲法。
1877年	明治	爆發西南戰爭。
1871年	明治	實施廢藩置縣。
1868年	明治	爆發戊辰戰爭。
1867年	明治	實行大政奉還、發布王政復古大號令。
1858年	孝明	締結日美修好通商條約、發生安政大獄。
1853年	孝明	佩里航駛至浦賀。

第

2

章

江戶時代

戰國時代末期

為什麼幕府無法壓制薩長的倒幕運動？

因為幕府的天保改革以失敗收場，而薩摩藩與長州藩改革成功。

應付一時的幕府改革

第1章說明了佩里來到日本後，尊王攘夷運動大大動搖了江戶幕府。最終幕府無法抑制薩長的倒幕運動而走向崩壞之路。

那麼，為什麼幕府無法抑制倒幕運動呢？

如前所述，外部因素主要在於列強諸國放眼亞洲的行動（特別是美國，為了捕鯨船能有暫時停靠港，確確實實地強迫日本開國）。但理由其實不只這些，日本國內本身也存在巨大的因素。

說得具體一點，就是各藩成功改革藩政，相對於幕府為了對抗內憂外患而施行的幕政改革（天保改革）以失敗落幕。

到了19世紀，因為工業革命而獲得壓倒性軍事力量的歐美列強諸國，開始對外尋求市場。他們最終來到東亞，向日本伸出了爪牙。

幕府必須集中權力來對付這樣的外在危機。到了1840年代，幕府終於振作起來實施天保改革，但從結論來說，這次改革以完全失敗告終。

其內幕會在本章依序說明。此外，這個時期的日本，因為**連年不斷的饑荒與貨幣經濟滲透，讓原本是幕府財政基盤的農村迎來巨大變革**。另一方面，幕府也面臨各種財政壓力（農村與都市底層人士的救濟、經營蝦夷地的龐大開銷以及給予貧困諸藩的下賜金〈撫卹金〉等）。面對這些問題，當時的執政者卻不採取根治對策，反而選擇改鑄貨幣這種不健康的方法來應付。不過為了財政問題焦頭爛額的不是只有幕府，各藩也

面臨著相同情況。

　　但是大名家沒有貨幣鑄造權，因此無法透過改鑄貨幣來獲取差額利益，從而使財政好轉。他們必須賭上存亡施行根治性的政策，才有可能使情況好轉。這正是幕府與各藩改革成功與否的分水嶺。

主要施行改革的藩與領導者

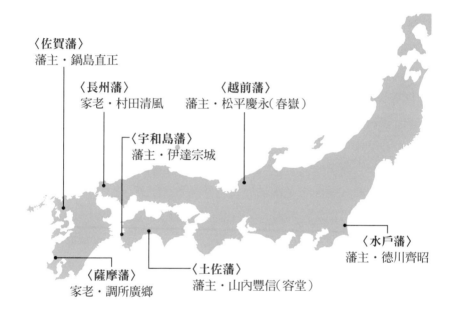

〈佐賀藩〉
藩主・鍋島直正

〈長州藩〉
家老・村田清風

〈越前藩〉
藩主・松平慶永（春嶽）

〈宇和島藩〉
藩主・伊達宗城

〈水戶藩〉
藩主・德川齊昭

〈薩摩藩〉
家老・調所廣鄉

〈土佐藩〉
藩主・山內豐信（容堂）

▶ 各藩在其主導者的領導下斷然進行改革，藉此改善財政、增強藩力。

具備武力與政治力的藩登場

　　上一章介紹了於1830年，早幕府一步施行藩政改革的薩長兩藩。這次就以佐賀藩為例來說明吧。

　　肥前（佐賀）藩是以藩主鍋島直正本人為中心來推進改革政策。他第一次要從江戶前往佐賀時，商人為了討債而來到他的藩邸並擋住大名*

行列的去路。聽說鍋島直正因為這件事遭受打擊而決心改革。

佐賀藩也和薩摩藩一樣，以七十年或一百年的年賦返還制度，來償還當初向豪商借貸的款項，或是將借款以捐獻的形式免除。此外，也減少參勤交代的人員，解僱420名藩的工作人員，這個數字是全藩工作人員的三分之一。

當時佐賀藩因為借款賣出土地，淪為小作（小農）的農民增加，維持本百姓（第100頁）制度變得愈來愈困難。在這種情況下，直正決定沒收地主的土地。擁有30町以上的地主現在只能擁有6町土地，擁有30町以下的地主則只能擁有原本持有土地的35％；剩下的土地則分配給小作人與貧農。在這個政策上有損失的就只有地主，藩的年貢量不會產生變化，對小作人來說更是求之不得的事情。這種做法稱為均田法，是革命性的土地重新分配政策。

另外，佐賀藩還成立了洋學者與技術人員的研究計畫小組。他們不僅製造蒸汽船，還建造了配備反射爐的大炮製造廠，有一說是他們還成功製造英式阿姆斯壯大炮。他們也向家臣下令「總鐵炮」，禁止使用弓箭和長槍，不斷進行西式軍事演習，打造出一支為了實戰而生的強大軍隊。

就這樣，擁有日本最佳軍事技術與軍事力量的佐賀藩在戊辰戰爭中大顯身手，成功進入明治政府的中樞。

正因為沒有貨幣鑄造權，所以各藩才進行了根本性的改革政策，拯救了藩的財政，從而增強武力與政治力成為雄藩。

再來看看幕府，晚了各藩一步想推行大規模的改革，卻因為太過急躁且政策不符國內實情以失敗告終。

＊大名行列：武家諸侯須每年在江戶和自己的領地交互居住，以搬遷帶來的財政壓力牽制大名勢力。

Go back

那麼，為什麼天保改革會以失敗告終？

02 為什麼水野忠邦的天保改革，最終以失敗收場？

因為水野忠邦的改革規模太大，且過於急躁。

以家慶為後盾進行改革

說到天保改革，應該會有不少人想到這是江戶三大改革（享保改革、寬政改革、天保改革）中的最後一次。這是老中首座水野忠邦所推行的改革，但因做法過於強硬，導致改革只推行兩年左右就遭到挫敗。水野自身也因此在政治中失勢。

另一方面，正如前面所提到的，先行實施改革的各藩出現了成功案例，再加上因為水野強硬的改革手法導致的失政，讓幕府的力量相對減弱。

本章節會從天保改革的開始講到水野在政治中失勢的那兩年。

1841年，第11代幕府將軍德川家齊逝世後，身為老中首座的水野忠邦，一一懲罰了被稱為三佞人的家齊側近（擔任若年寄的林忠英、御用取次的水野忠篤和御小納戶頭取的美濃部茂育），並罷免多

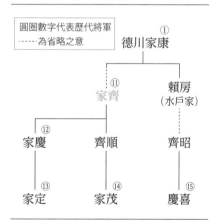

以家齊為中心的將軍家系圖

圓圈數字代表歷代將軍
-----為省略之意

① 德川家康

⑪ 家齊
賴房（水戶家）

⑫ 家慶
齊順
齊昭

⑬ 家定
⑭ 家茂
⑮ 慶喜

▶ 家慶就任時，幕府的財政狀況因為其父家齊的領導，已是江河日下。

數的大奧權力者。5月15日新將軍家慶生日時，他還將幕臣集結於一堂，並在家慶面前宣告政治改革開始。這就是世人所稱的天保改革的開端。

在短短兩年間陸續推動的一系列改革

首先，忠邦發布儉約令禁止奢侈行為，一舉緊收渙散的社會。

單看隔年1842年2月，就有「*袋物屋五間，鼈甲屋三間，煙管屋四間，吳服屋、雪駄下駄屋、小切屋、冠笠各二間，雛屋、扇見世、傘下駄屋、鉄物見世、半襟屋、人形屋各一間，合計二六間」（北島正元著《人物叢書　水野忠邦》吉川弘文館）以販賣奢侈品被町奉行所舉發。

娛樂也成為被鎮壓的對象。當時在寄席演出的節目，除了落語，還有淨琉璃、講談以及模仿等種類。忠邦縮限演出種類，剩學問、昔話與軍書的講座主題，江戶的寄席因此倒閉了兩百多間，僅存15間。歌舞伎也遭到鎮壓，江戶三座（歌舞伎的劇場）被強制從銀座轉移到淺草，他還下令「歌舞伎演員外出時必須頭戴斗笠，不能露出臉部。」大明星市川團十郎（第7代）也曾因為微不足道的理由被懲處。

出版方面同樣被嚴格控管，除了好色本（色情刊物），華美的錦繪、批判政治的書籍以及在庶民中很受歡迎的人情本（風俗小說）與合卷都遭到取締。作家為永春水與柳亭種彥也受到處罰。

忠邦認為物價高漲的原因，是因為地租、店租的價錢，還有職人、奉公人的薪水太高的關係，因此下達調降商品價格與降低租金的命令。商人與職人沒有選擇餘地，只好降低商品的品質來應付這道命令。

在物價對策方面，忠邦下令解散株仲間。所謂的株仲間，就是商人與職人的同業者工會。株仲間一直以來都向幕府繳納營業稅（運上、冥加），以此換取商品壟斷性販賣與流通之權利。忠邦認為排斥新人加入

＊紙及布製品販賣店；鼈甲：龜殼；吳服：中國絲綢製的和服；雪駄下駄屋：木屐店；小切屋：小布、雜貨店；雛屋：雜貨店；扇見世：藝妓；人形屋：娃娃屋。

的株仲間，妨礙了商品自由買賣與流通，並判斷這是物價高漲的原因。

　　然而株仲間被解散之後物價還是沒有下降，因為在鄉商人（以農村為據點活躍的商人）的興起與各藩專賣制度的推展，早已削弱了株仲間的影響力。忠邦所下達的株仲間解散命令，反而造成商品流通混亂。

　　農村政策方面，忠邦推出人返令，將來到江戶的農民強制送回村莊，同時嚴格限制從地方來到江戶工作的行為，試圖藉此確保農村人口。

水野忠邦的政策（天保改革）

目的		
重建幕府財政	安定物價	改善治安

政策	
更替官僚人員肅正大奧的綱紀	將家齊的側近從政治中排除，並削減大奧的經費。
儉約令，禁止奢侈行為	隨著幕府的儉約政策，庶民的奢侈行為也開始被取締。
解散株仲間	認為株仲間妨礙了商品流通的自由，所以將其解散。
人反令	將捨棄田地來到江戶的農民趕回他們的村莊。
加強江戶灣的防備	為了抵禦外國的威脅而強化國防。
上知令	將江戶四周10里的封地收回，被收回土地的人則轉封他處。

結果
由於政策來得又嚴又急，不僅受到人民的責難，還遭受自家幕僚譴責。隨著忠邦在政治中失利，改革也跟著落幕。

▶ 改革幾乎一無所獲，財政狀況也沒有好轉，導致幕府的權威持續衰退。

在得知大清於第一次鴉片戰爭被英國擊敗之後，幕府開始預想外國艦隊來襲的可能，因此導入高島秋帆的西洋炮術。同時為了加強江戶的防禦，讓大名屋敷準備了大炮，命令川越藩和忍藩警備相模國與房總半島；為了應對江戶灣被外國艦隊封鎖的狀況，開鑿了一條從銚子經過印旛沼，再從儉見川通往江戶灣的水路。

被家慶拋棄後在政治中失勢

1843年，忠邦下達了將**江戶、大坂四周10里土地作為幕府直轄地的上知令**。他企圖將利潤較高的土地收回變成幕府的領地，以此提高收益。若能將江戶與大坂周邊都變成幕府領地，便可藉此建立能在戰爭時期快速反應的防禦態勢。

然而支配這些地區的大名、旗本與領民強烈反對此政策，並拉攏協助改革的老中兼古河藩主土井利位，連御三家的紀州（和歌山）藩也頑強抵抗此令。

忠邦急速被孤立，最終上知令以幕府將軍家慶之名被正式撤回，忠邦的老中之位也遭解職。就這樣，忠邦在政治中失勢，改革隨之中斷。從事情開始到結束，前後只經過短短的兩年。

據聞水野失利的傳聞傳開來後，庶民聚集於忠邦的官舍前大聲謾罵、丟石頭，甚至破壞了官舍旁的辻番所（警衛小屋），還把它扔進護城河。騷動並未就此平息，事態發展到官舍的不淨門被拉倒，住處被暴徒入侵的局面。最後是鄰近的大名與奉行所出兵平息了騷動。

忠邦雖然以幕府的復權為目標推行改革，但因為過於性急受到強烈反彈，改革以失敗告終，甚至落到被民眾厭惡的地步。

Go back

那麼，為什麼水野這麼急著改革幕府？

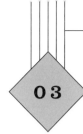

03 為什麼水野忠邦急著改革幕府？

 因為一揆與叛亂頻發，動搖幕藩體制。

因為饑荒與一揆頻發

如果把江戶時代大大小小的百姓一揆加起來，發生次數高達三千件以上。

所謂的百姓一揆，就是農民以非法手段針對大名或領主，企圖達成自身訴求的行動。他們會成群結黨而來，有時甚至行使暴力摧毀房屋。其中的訴求大多是減免年貢，因此每當農作歉收導致饑荒時，一揆的發生率就會暴增。

江戶時代的大規模饑荒，有**寬永大饑荒、享保大饑荒、天明大饑荒與天保大饑荒**。

而天保大饑荒也是水野忠邦急於改革的原因。

天保大饑荒當時導致各地不斷發生叛亂與一揆，感受到危機的水野忠邦認為再放著不管的話，幕藩體制將會崩潰。所以當他掌握權力後，就著手對幕府進行改革。接下來，讓我們來詳細看看成為改革契機的天保大饑荒吧。

此次饑荒是全國規模的大饑荒。從1833年開始，約有七年的時間都因為天候不佳造成嚴重歉收，導致很多人死於飢餓與疾病。

其中1835年的災情特別嚴重。從春天到夏天，氣溫完全沒有上升跡象且降雨不斷，收割期還遭遇颱風，加上結霜造成的低溫傷害，讓稻米收穫遭致毀滅性的打擊。

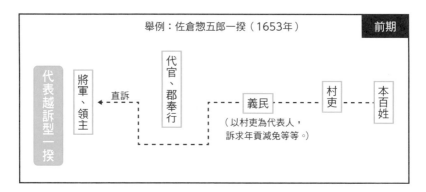

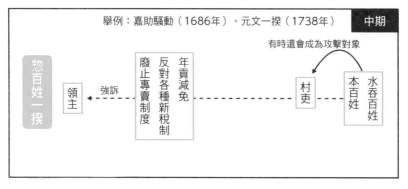

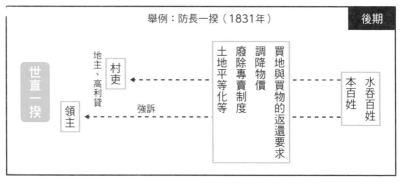

▶ 從向領主直訴的形式，演變成以眾多百姓發起大規模的一揆來表達訴求。

因此一揆在各地頻發，其中三河加茂一揆與甲州郡內騷動的規模甚大。據說三河加茂一揆的規模約在80個村左右（1萬人），甲州郡內騷動的規模則高達240個村（1萬2千人）。

有鑑於這種慘烈的狀況，各藩為了拯救領民因而禁止稻米對外運送。被稱為「天下的廚房」的商業都市大坂也因為稻米不足導致米價飆漲。

富商看準這點，藉機炒作價格讓米價更進一步高漲，因此大賺了一筆。所以平民根本買不起米，有的橫死路旁，有的被活活餓死。

前政府官員大鹽平八郎領導的叛亂

看不下去此情此景的，是原本在大坂町奉行擔任與力（警察署長），身兼陽明學者的大鹽平八郎。

大鹽向大坂町奉行跡部山城守提出很多次貧民救濟政策，但跡部卻恫嚇他這是越權行為。不要說救濟民眾，跡部完全就是依照幕府的命令，豪邁地將米送往江戶，但他的行為是有相應原因的。江戶因為先前的天明大饑荒，發生了大規模破壞行動，米行與商家相繼受到攻擊，就連幕府也無法收拾混亂而陷入數日的無政府狀態。有此前例，幕府的官僚才會在饑荒時將江戶的救濟擺在第一順位，嚴重缺米的大坂也被迫將米送往江戶。

被跡部斷然拒絕的大鹽，在無計可施的情況下只好向豪商募款6萬圓的義捐。但是，豪商才不會輕易交出金錢。

因此，大鹽終於決意舉兵。他把至今為止所蒐集的藏書全數賣掉，換得668兩金。並將這668兩分發出去，一戶人家給予1朱，總共分給大約一萬戶人家。他在救濟人民的同時，還向大家傳話說「如果聽到大坂的天滿發生火災，請火速前往大鹽平八郎的宅邸。」1837年2月19日，主張「殺了沒有良心的町奉行所官員，並給予中飽私囊的富商懲罰」的大鹽平八郎，帶著他的弟子一同起義了。

大鹽燒了自己的房子之後，揭起寫上大大兩字「救民」的旗幟，開始行動。

他們首先到了天滿的組屋敷（那邊有與力和同心的宅邸），不分青紅皂白地朝屋子丟焙烙彈與火矢，還發射了大炮，並且接二連三地縱火燒屋。這麼做是想讓腐敗的官員嘗到天罰的滋味。之後，農民與村民紛紛加入叛亂軍，集團規模擴大到300人左右。他們摧毀了豪商的住宅與倉庫，將金錢與米穀撒在路上，貧民開心地在馬路上撿了起來。

大鹽所引發的叛亂讓大坂陷入火海，不過僅在短短一天之內就被鎮壓了。四十日後，逃亡中的大鹽在藏身處被幕府官員包圍，最後放火自殺。

但是，不久之後「大鹽平八郎還活著」的謠言逐漸傳播開來，江戶、大坂與京都的奉行所連日收到對幕府的挑戰書，署名為應該已死去的大鹽。在町內的街道上，也都可以看到大鹽平八郎署名的批判幕政的文章被貼在牆上，地上散布寫著批判且附有署名的落文。雖然幕府想阻止這個情況，卻無計可施。

雖然叛亂在一天之內就被收拾，但大鹽帶給世間很大的影響。因為他身為幕府的前官員，卻在江戶幕府直轄的大都市大坂對幕府發起叛變。大鹽之亂後，深受感動的人也不斷發起叛亂。若只算主要的叛亂，同年4月於備後國三原、5月於播磨國加東郡、6月於越後國柏崎、7月於攝津國能勢，都發生了偽裝大鹽一黨之名所發起的叛亂與一揆。

如前所述，天保大饑荒成為一揆與叛亂頻發的原因，且已動搖了幕藩體制，因此水野忠邦才會為了重振幕府決心改革。

Go back

那麼，為什麼一揆與叛亂會持續發生？如果幕府有所準備，或者說有足夠的力量，不就能夠防止一揆與叛亂在各地持續發生嗎？

04 為什麼幕府無法阻止一揆與叛亂擴大？

因為第11代將軍德川家齊的政治態度非常散漫，卻掌握了將近五十年的政權。

擁有許多子嗣的將軍，導致幕府的赤字慘狀

發生天保大饑荒時的幕府將軍，是第11代的德川家齊。

家齊雖然掌握了半個世紀的政權，但是這個時代的幕府，財政呈現一片慘烈的赤字。儘管如此，他完全沒有要積極改革的意思。

使幕府財政惡化的原因有好幾項。攸關外部因素，從18世紀後半起，俄羅斯的使節開始前往日本，要求與之進行貿易是一個原因。蝦夷地與俄羅斯相近，日本為了蝦夷地的防備與經營，支出了大量開銷，加上朝鮮通信使的臨時開支，讓幕府財政每況愈下。

而內部因素，是因為家齊對政治的散漫態度與奢侈的生活；在那種生活下生出的「許多子嗣」，則是另外一個原因。

我們雖然能理解散漫的政治會帶來財政負擔，但也不能小看將軍的「許多子嗣」對幕府財政的影響。家齊的「許多子嗣」真的大大壓迫了幕府財政。光是能確定的，家齊的側室就有40人，並與16名女性生下了28男、27女共55名子嗣。因此大奧的人數也不斷增加，有一說為大奧的人數超過1500人以上。不用多說，要供養幕府將軍的妻子和孩子，需要非常龐大的費用，所以大奧的經費也不斷暴增。

家齊將他的孩子，以養子或妻子身分送到御三家、會津、加賀、越前、安藝、仙台及佐賀等大藩，而這個數字可以匹敵全大名家的十分之一。

在這之中，也有受到強迫接收的案例。

例如福井藩（德川一族的親藩大名）。福井藩的藩主松平齊承，娶了家齊的19歲女兒淺姬為妻，並生下一名男孩。男孩雖然早逝，但家齊不顧淺姬還有辦法生育，就將自己第48個孩子作為養子送了進來。

還有，御三家筆頭的尾張家，居然有四名家齊的子嗣作為養子被送了進來。因為出乎意料的養子攻勢，始於尾張藩藩主德川義直的血脈，因此完全斷絕。

此外，迎接將軍之子是需要各式各樣準備的。光是這些準備，就讓各藩支出了龐大開銷。比如姬路藩，因為迎娶家齊第44名孩子為妻，導致財政崩潰。順帶一提，位於東京大學校地內的赤門原為加賀藩的宅邸大門，而前田家在迎娶家齊的第21子（女兒）時重新建造了這道大門。

不過也有一些藩想接收家齊的孩子。將軍的養子通常都是由地位較高的藩來接收，所以如果小藩接收了養子，家格就會自動上升，並且能夠使用松平姓氏與三葉葵的家紋。這對小藩來說極具吸引力。

況且也可以為財政帶來好處，例如有機會增加領地，或是轉封到更繁榮的地區，說不定還能得到拜借金。所謂的拜借金是幕府向大名提供金援，幫助他們擺脫財政困難的制度。雖然這個制度基本上在1811年就終止了，但在「特別情況」下，幕府還是會提供支援。**而那大部分的「特別情況」，通常都發生在接收家齊的子嗣作為養子或妻子的藩。**

比如說川越藩，將家齊的第53個孩子作為養子後，在1833年獲得七千兩、1835年獲得五千兩、1839年獲得一萬兩的拜借金。（藤田覺著〈十九世紀前半の日本—国民国家形成の前提〉《岩波講座　日本通史第15卷　近世5》岩波書店）

因為實在太過不公平，所以此事也成為無法與將軍結下親戚關係的藩對幕府抱持不滿的要因。

要維持將軍「許多子嗣」的生活是一個難關，向有親戚關係的藩提供金援又是一個難關，幕府的財政因此呈現赤字。

不過家齊側近掌握巨大權力的老中水野忠成，兩三下就緩解了幕府的財政困難。

反覆進行貨幣改鑄導致人民生活艱困

忠成像是搖了搖錢樹般變出了金銀。**他調降金與銀的質量，重新大量鑄造貨幣**，這就是所謂的貨幣改鑄。

雖然幕府在1736年進行過一次貨幣改鑄，改用了元文小判，但在這之後就沒有改鑄過貨幣了。這是睽違九十年的大規模貨幣改鑄。元文小判的含金量約為66％，而新的文正小判含金量約為56％。他減少了整整10％的含金量，還讓貨幣在市場的流通量增加了50％左右。

幕府從改鑄貨幣獲得的差額利益居然高達550萬兩。

在那之後，**幕府只要面臨財政緊繃就反覆進行貨幣改鑄，完全變成應付一時的散漫財政**。惡貨流通當然也導致物價高漲，平民的生活變得愈來愈艱辛。

家齊坐上權力之座的時間長達五十年，特別是到了後半段，因為幕府的統治與規制變得愈來愈寬鬆導致賄賂橫行，關東的治安則因為博弈流行而惡化（另一方面，也因為自由度增加而發展出多彩的*化政文化）。

在這樣的背景之下，1833年爆發了天保大饑荒，導致一揆與破壞活動在各處持續發生。此時幕府已經沒有力氣壓制這些動亂了。

不管是好是壞，家齊的統治自由且寬鬆，擔著將軍的名號在職五十年是相當長的一段時期，也因此削弱了幕藩體制。

＊化政文化：以江戶為中心，諷刺時政的町人文化。

Go
back

那麼，為什麼家齊能夠進行長達五十年的散漫政治？

05 為什麼德川家齊多年來一直進行著散漫的政治？

因為老中松平定信所推行的寬政改革太過嚴格，
造成心態上的反動。

被任命為家齊輔佐者的松平定信

德川家齊在年僅10歲時就當上了將軍，為了輔佐年輕將軍被任命為老中的，就是揚名天下的明君 —— 白河藩主松平定信。

講到松平定信，就會想到他所推行的寬政改革。但從結論來說，**太過嚴苛的改革卻造成心態上的反動，因此家齊在定信辭退老中後，開始過著奔放的生活。**

以祖父德川吉宗為範本所推行的改革

老中松平定信是第8代將軍吉宗的孫子，而吉宗是推行享保改革且成功重建幕府的賢君。定信非常敬愛這樣的祖父，所以在年輕將軍之下掌握幕府實權後，開始以吉宗為典範推行幕政改革。

開始推動改革之初，定信還向深川靈巖島奉上了願文。如果將內容翻譯成現代文，大概就是「我以自己與妻子的生命，祈求今年的農作豐收，讓民眾過上輕鬆的生活。如果沒有達成幕府中興之業，就請馬上來取我的性命吧。」從中可以看出定信對改革的覺悟。

讓定信下定決心推行改革的原因，是1787年在江戶發生的破壞活動（貧民所引發的暴動）。因為這個事件，江戶陷入數日的無政府狀態。對此感到衝擊的定信，為了不讓事件重演，以悲壯的決心著手改革。

定信最大的課題，就是復興遭受天明大饑荒（從1782年開始，持續

數年的大饑荒）**重創而荒廢的農村。**大量農民因饑荒捨棄村莊，流入都市，農村人口因此驟減，田地也跟著荒廢。那些流入都市的農民，還成為之後破壞活動的主力群。因此定信限制這種外出他鄉賺錢的行為，並給予在江戶沒有正業的農村出身者一筆資金，促使他們歸村。這就叫做舊里歸農令。

德川家的家系圖

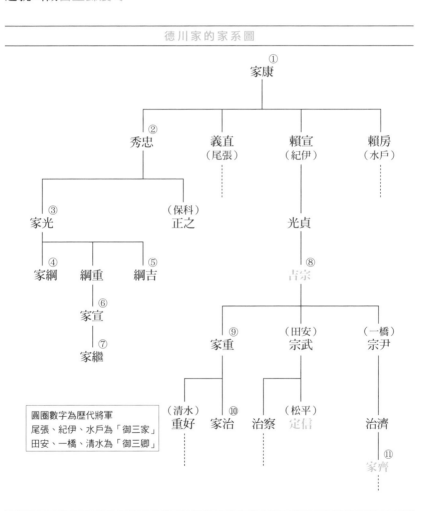

```
圓圈數字為歷代將軍
尾張、紀伊、水戶為「御三家」
田安、一橋、清水為「御三卿」
```

▶ 負責輔佐的定信在家齊未成年的期間開啟改革。

另一方面，他也不遺餘力地將公款借給打算重建荒田的農民。有趣的是，還為了增加人口提供了育兒津貼。

此外，定信積極錄用品德優良的豪農擔任名主（村吏），一一懲處或解職沾染非法與無能卻支配幕府領地的代官，換成有能力的人才上任代官。甚至為了不讓農民餓死，下令各個村莊建立自己的社倉或義倉，設立圍米制度，進而得以儲備米穀。

都市政策方面也毫無怠慢。錄用貨幣兌換商（巨大資本）作為幕府的勘定所御用達，打算藉此壓低物價。下令節省町費，如果感覺破壞活動蠢蠢欲動，就發放那些節省町費而存下的金錢與穀糧來救濟農民。

在石川島設立收容流浪者與輕犯罪者的人足寄場，在此可以學到各式各樣的技術，目的是幫助被收容的人擁有一技之長，讓他們可以回歸社會。

讓優秀的人才得以升官的系統

同時，為了重振在上一代（田沼意次的時代）鬆散的武家綱紀，大力推行習文練武。在將軍家齊面前舉辦上覽試合（比賽），一旦出現文武表現優異的人，就向幕閣報告，並實際見聞他們的學問或武術。如確實在某領域中表現優秀，就會積極地將這些幕臣錄用為官吏。

將湯島聖堂的學問所變成官立的昌平坂學問所，也是寬政改革的成果之一。

定信改革的其中一環，是將聖堂學問所（林家的私塾）變成官立的學問所，命令幕臣入學研究學問。幕府主辦的學術測驗，科目有四書五經、歷史、論策等，獲取好成績的人可以受到提拔。

就這樣，**鼓勵習文練武的晉升制度被建立起來，為下級武士開啟了升官之路**。江戶也因此開了許多私塾與劍術道場，使鬆散的風氣獲得改善。

成年的家齊開始討厭過於嚴格的定信

目標

| 復古的
理想主義 | 以享保
改革為理想 | 重建農村 | 維持本百姓制度
與抑制商業資本 |

政策	
舊里歸農令	給付資金，鼓勵歸村。
圍米制度	命令大名每1萬石必須儲備50石。
設置社倉、義倉	為了應對災害儲存米糧。
七分積金	用江戶的町費儲備米與金錢救濟貧民。
人足寄場	設立於江戶的石川島，收容浪人與沒有住處的人。
儉約令	禁止奢侈品，節約經費。
棄捐令	為了救濟旗本與御家人，免除六年之前的債務。
出版統制	處罰洒落本（滑稽文學）的人氣作家山東京傳。
寬正異學禁令	將朱子學視為唯一正學，朱子學以外的學問一律視 為異學，禁止在聖堂學問所教授異學。

結果

雖然一時整肅了幕政，但平民的不滿逐漸高漲，加上
與上一代的田沼政策反差過大，以失敗告終。

▶ 重新審視田沼意次的經濟政策後，一邊著重農業政策，一邊將財政推向緊縮政策。

但也因為這些政策，開始出現「世上無如蚊吵也 嗡嗡曰 徹夜難眠」這類將蚊子的振翅聲與鼓勵習文練武相結合的狂歌，緬懷過去田沼時代自由氛圍的聲音。特別是思想與情報的統制，引發民眾很大的反彈。

　定信推行的思想統制（寬政異學禁令）包含「不能在昌平坂學問所教授朱子學以外的學問」，還絕版了好色本，壓迫諷刺政治的黃表紙與洒落本。比如洒落本的人氣作家山東京傳就被施以手鎖之刑；懲罰黃表紙作家戀川春町。江戶最大的版元（出版源頭）蔦屋重三郎也遭受懲處。

　如前所述，定信賭上生命推行的寬政改革，只持續了短短六年。定信與家齊產生衝突，最終走到辭退老中的地步。

　雖然有一說表示，定信與家齊失和的原因是因為家齊想將自己的親生父親一橋治濟作為大御所（引退的前將軍之稱呼），並讓父親住在江戶城的西之丸，而定信強烈反對此事。不過**成年的將軍家齊開始擁有政治力量，並對定信太過嚴苛的改革方針感到厭惡才是兩人對立的原因**。

　寬政改革雖然對復興農村起了一定效果，但也因為對田沼政治的反動，導致商業統制過於嚴苛，所以這次的改革未必能稱為成功。

　家齊在年輕時就遭遇松平定信過於嚴苛的改革，所以**他的政治風格隨著時間變得愈來愈散漫**。

Go
back

那麼，為什麼松平定信要執行如此嚴苛的改革？

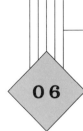

06 為什麼松平定信要執行如此嚴苛的寬政改革？

 因為他認為之前的老中田沼意次所執行的重商主義政策讓社會變得鬆散。

想避免對農村造成更進一步的負擔

前文說明了松平定信過於嚴苛的寬政改革所帶來的反動，導致第11代將軍德川家齊的散漫政治。**而松平定信嚴苛的政治風格，則是來自前代老中田沼意次的政策所帶來的反動**。定信認為，田沼所進行的重商主義政策毀掉了這個國家。

那麼，就讓我們來看看所謂的田沼政治到底是什麼吧。

這是第8代將軍德川吉宗的時代。雖然將軍親自領導的享保改革一時改善了幕府財政，但過了一段時間之後又被打回原形，且也很難再更進一步提高農村的稅收。因為當初吉宗就是以加重年貢的方式改善財政，如果再增加農村的負擔，可能會導致一揆。

到了第10代德川家治的時代，幕府財政陷入困境，但也沒辦法再提高農村稅收。此時的**老中田沼意次想到的方法，就是透過商業來獲取收益，所以開始了重商主義政策**。

一直以來，幕府都將農村的年貢作為主財源，幾乎沒有向商人與都市住民徵收稅金。因此田沼開始積極地認可株仲間，並從中徵收營業稅（運上、冥加）。

所謂的株仲間，就是工商業者的同業團體。戰國大名就是因為討厭與株仲間相同性質，名為座的組織所進行的商業壟斷行為，所以才頒布樂市令，禁止座的存在，讓城下可以進行自由商業買賣。之後的幕

府也繼承了這個做法，但到了第5代將軍綱吉的時期，幕府開始默認這些行為。到了吉宗的時代，幕府幾乎可以說是已經容許了這樣的行為。所以田沼才會積極鼓勵組成株仲間。

　幕府自身也設立了銅座、真鍮座、朝鮮人參座等，為專賣制度鋪墊道路。

田沼主導的外交與事業開發

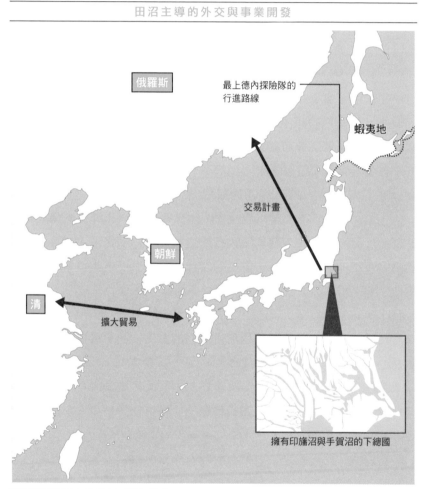

俄羅斯

最上德內探險隊的
行進路線

蝦夷地

交易計畫

朝鮮

清

擴大貿易

擁有印旛沼與手賀沼的下總國

▶ 放寬原本被限制的貿易，積極推行土地圍墾與開發。

意次也擴大了對外的貿易。元祿時代之後因金銀礦山的產出減少，荷蘭與大清在長崎的貿易，也被幕府限制輸出額度。為了從根本改善這樣的情況，開始大量出口俵物（塞了滿滿乾燥海鮮的商品）和可以大量產出的銅，藉此進口金銀。這是與之前做法相反的策略，甚至還開始計畫和俄羅斯進行交易。

接著是建立蝦夷地的開發計畫，並在1758年命最上德內組織探險隊，調查這片土地的可能性。探險隊提交的報告顯示，預計可以得到580萬石以上的獲利。這個數字超越了當時幕領（幕府的直轄領地）的450萬石。

此外，也展開印旛沼（面積20平方公里）的圍墾工事。

原本的計畫是阻斷從利根川流入印旛沼的河水，並挖掘4里12町多（約17公里）的路塹（水路），將印旛沼的水引入江戶灣，藉此打造一個大水田地帶。如果水路完工，常總地區的物資也可以藉由這條水路在短短一天內從利根川到達江戶灣，從中產出的經濟效應將會大到無法估量。但圍墾工事在完工前遭遇大洪水重創，在那之後，計畫隨著意次垮台而中斷。

太過重視商人導致崇尚功利主義的人不斷增加

意次還打算整合尚未統一的東日本與西日本貨幣制度。

東日本主要使用的是計數貨幣（以兩、分、朱等單位為固定單位）的金幣；西日本主要使用的是秤量貨幣（以秤測量實際重量決定其價值）的銀圓。為了消除這種不統一與繁雜的金銀幣交換，並活化東西之間的經濟活動，田沼發行了名為南鐐二朱銀（8枚換小判1兩）的計數貨幣，並大量製造使之流通於市面，嘗試以黃金為基礎的貨幣制度統一。

重視商業，並想以商人之力重建幕府財政的田沼活化了商業活動。武士也受到此風潮的影響，變得更加注重利益，適應商人風俗的武士愈來愈多。賄賂現象也愈來愈猖獗，每天都有客人不斷拿著禮物拜訪

田沼，據說當時客房裡的人還多到容納不下所有來拜訪的客人。

另一方面，農村地區因為無法適應貨幣經濟，生活陷入窮困，所以有不少農民捨棄田地來到都市，結果使農村因此荒廢。

田沼意次所進行的政治改革

目標		
重建財政	積極利用商業資本	←因為增加年貢的做法已到達極限

政策	
擴大專賣制度	設立銅、真鍮、鐵、朝鮮人參座等幕府直營的座。
積極公認株仲間	提高運上與冥加的稅。
貨幣改鑄	鑄造南鐐二朱銀（將銀圓改成計數貨幣）。
放寬長崎貿易的限制	出口銅與俵物以換取金銀進口。
開發新田	印旛沼、手賀沼的圍墾工事。　※失敗。
蝦夷地開發計畫	企圖與俄羅斯進行貿易。
探索蝦夷地	命令最上德內等人到蝦夷地調查。

結果
發生了天明大饑荒，百姓一揆與破壞活動急速增加。人民對賄賂政治的憤怒全部朝向了政權，田沼因此垮台。

 雖然向商人徵稅成功改善了幕府的財政狀況，卻在中途垮台。

民眾的怒火朝向田沼

捨棄農本主義而採重商主義也代表道德觀的變化，不僅武士，連平民也對田沼政治產生抵抗心理。

在這種情況下，1783年7月淺間山火山噴發引起了長時間的降雨和日光不足，所以東北地區的作物大歉收持續數年，因此導致**高達30萬人死於飢餓與疾病，史稱天明大饑荒**。當時日本有一個觀念，他們認為發生自然災害與當代執政者的好壞有關，也因為這個觀念，天明大饑荒大大動搖了田沼政治。

隔年，任職若年寄（低年級長老）的田沼意次嫡子意知，在江戶城中被旗本佐野政言刺殺不治身亡。田沼不但失去繼承人，權力也變得愈來愈弱。兩年後，身為田沼後盾的第10代將軍家治逝世，田沼的老中職位也隨之被解職，不僅遭到減封，還被處以謹慎處分（閉門思過）。在家治逝世兩年後，田沼也離開了這個世界。

田沼的重商主義確實滋潤了幕府財政，但如果以長遠的目光來看，這樣的政策不僅衝擊了日本人的道德觀，並導致無法適應貨幣經濟的農村荒廢、貧民流入都市地區，以及賄賂愈來愈猖獗種種惡果。

而下任掌權者，亦即在天明大饑荒中創造零死亡紀錄的明君──白河藩主松平定信目睹了農村荒廢與貧民不斷增加的都市後，會認為「重商主義才是該排除的根源」其實是非常自然的反應。

定信憎恨田沼並將之視為政敵，所以自己掌權後，推行了完全相反的政策。

Go back

那麼，明明幕府的財政基盤，至開府以來都是從農村徵收年貢米作為稅收的，為什麼田沼意次有辦法成功推行重商主義？

07 為什麼田沼意次有辦法成功推行重商主義？

> 因為隨著農村荒廢，商人的力量愈來愈強大。

農民之間的貧富差距愈來愈嚴重

江戶時代的前一百年，農地一口氣擴大了許多。

進入和平的時代後，幕府與大名開始活用在戰國時代培養出的築城技術，進行大規模且高難度的土木工程。比如說，改變利根川流入江戶灣的河水流向，讓河水經過銚子再流入太平洋，或者是圍墾有明海和備前國兒島灣等地的泥灘，抑或是將利根川、淀川、大和川等大河川的水路互相連結，打造水路網。

此外，他們也積極掩埋湖沼、開墾原野等，農民各自開發了小規模的新田。因為大家熱心積極地進行土地開發工程，到了18世紀，耕地面積從原本的164萬町步，增加至297萬町步。

進入18世紀後，新田開發告一段落，農村開始種植可以換取金錢的經濟作物，愈來愈多人選擇使用金納與金肥（用金錢買來的肥料）上繳年貢。**農村漸漸被貨幣經濟滲透，然而貨幣經濟帶給農民的是階層分化**；而金錢賭博在當時的農民之間也非常流行。

在本百姓（持有田地與房屋的自作農）之中，有人開始收購被流當的土地（當鋪持有的土地），並將這些地租給水吞（小作人），藉此蓄積財富；甚至開始經營手工業與商業。這些人被稱為豪農，他們大多還會擔任名主或庄屋等村官職位，控制村莊的行政管理。

另一方面，也出現許多無法適應貨幣經濟、農業經營失敗，或因賭

博變賣財產與土地的本百姓，這些人到後來大多淪為水吞、年季奉公或臨時雇工。

農村的階層分化逐漸變得嚴重，農民被分割成少數的豪農與多數的小百姓和水吞。結果，小百姓與水吞對成為村吏的豪農愈來愈不滿，全國各地都爆發了追究不公的村方騷動。以本百姓為基礎的體制因此崩塌。

再者因貧窮的農民增加，所以連一點小歉收都承受不住的人愈來愈多。很多人因此放棄土地，放棄耕作逃往都市，使農地漸漸荒廢。

只是，生活辛苦的不只農民，武士的生活也變得愈來愈艱困。

經濟活化讓商人愈來愈富有

到了18世紀，幕府的財政狀況已經差到必須正視的地步。幕府的財政狀況很差，代表各藩的財政狀況一定更加慘烈。財政困難的其中一個原因就是物價高漲，特別是諸多物價都高於米價的狀況持續不斷。

幕府與各藩的年貢基本上都是以稻米和金錢繳納。如果不是遇到歉收，徵收到的量都會維持在一定的數字。但是在所有物價都上漲的狀況下，財政會陷入困難是理所當然的事。雖然作為年貢的米價格上漲

幕府與藩的財政惡化

▶ 因支出與物價提高，收入卻無法提高的關係，武士陷入窮困。

是一件好事，但其他物價都漲得比米還要高，所以收入還是相對減少。

　此外，人們的生活變得更加奢侈，是幕府與藩的財政狀況惡化的另一個原因。日常生活的開支本身就在增加。

　結果變成**只靠年貢收入的話根本無法打平支出，所以大名家開始向商人借錢**。但既然是借錢，當然會有利息。這個利息不僅非常高，還款期限又短，為了還這些錢，又必須向其他人借錢。所以，大名家以「半知借上」等名義將藩士俸祿減半的案例也不在少數。

　當農村階層化加劇，武士陷入窮困之時，**商人反而變得富裕**。

　商品的生產力提升，物流與金融開始發達，也因全國市場的確立，更進一步活化了經濟活動。株仲間（同業者團體）也不斷發展，開始出現在大都市擁有許多分店的豪商。商人與農民不同之處在於幾乎沒有被課稅金，因而得以愈來愈富裕。

　所以田沼意次才會著眼於商人的經濟力，積極促成株仲間，再向他們收取營業稅。幕府本身更建立了專賣制度，打算從中獲利，但這樣的重商主義政策卻不是很順利。如前所述，田沼垮台之後松平定信就馬上舉起復古之旗，讓日本回歸農本主義。

Go back

正如目前為止所看到的，年復一年，幕府的財政持續陷入困難。不過在老中田沼意次掌權之前，幕政得到了片刻安定。這份安定來自將軍吉宗的改革成功。

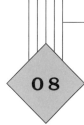

08 為什麼幕府將軍吉宗有辦法成功重建財政？

> 因為他以開發新田與強硬的增稅，徹底增加幕府的收入。

提高稅收，重建財政

從紀州藩主晉升為8代將軍的德川吉宗，從1716年開始了長達三十年的享保改革。改革的第一個目標，就是將搖搖欲墜的幕府財政重建起來。

吉宗發布儉約令壓低支出，並執行立竿見影的增收政策，亦即從1722年開始的上米制。他命令大名每1萬石高年貢，必須獻上100石給幕府。作為交換，參勤交代的在府（滯留江戶）時間減半。

簡單來說，參勤交代就是讓大名每年在江戶與自國之間來回奔波的制度。由於江戶的生活非常花錢，所以上米制對大名來說也有經濟上的好處。上米制讓幕府的年度收入增加了18萬7千石。這個數字是幕府年貢收入的一成以上，幕府的財政一舉得到改善。

但是吉宗的厲害之處，是讓這美好的上米制只持續八年。他認為如果持續這種宛如乞求大名憐憫的政策，會降低幕府的威信。因此當健全的永續財政建構完成後，就馬上廢止了上米制。

達到永續性增收的其中一個政策是開發新田，吉宗把山林與原野都變成了田地。

特別有趣的是，**他不只將耕地的開拓交給農民，還導入了商人的資本**。吉宗在江戶的日本橋立起高札布告大眾，寫道「如果各區有想要開發的土地，請將開發計畫提交至奉行所。」使用商人資本開發的土

地，稱為町人請負新田。幕府也積極參與了新田開發工程。

這個時期，飯沼新田、紫雲寺潟新田、武藏野新田、見沼代用水新田等新興田地一個接一個誕生。

但是最有效果的還是增稅政策。吉宗廢除了檢見法，此法透過評估農作物的收成，來決定當年年貢率。

取而代之的是，根據過去數年間所繳納的年貢量，來決定之後數年的固定年貢率（定免法）。因為這個新制度，就算遇到歉收，幕府還是可以確保一定的年貢。事實上，幕府還刻意提高了年貢率，是實質的增稅政策。

吉宗還導入了有毛檢見法。江戶時代初期，幕府會依據收穫量的多寡來評等全國田地，並以此為基準，再依據當年的狀況微調年貢率。但是吉宗的做法不是考慮田圃的等級，而是以實際的收穫量來計算年貢率（有毛檢見法）。畢竟這些等級是很久以前評定的數據，在那之後農業技術愈來愈發達，應該有不少田地的收穫量都超越了當前的等級。

此外，種植棉花等經濟作物的旱田變得愈來愈多，因此吉宗大幅提高了旱田的年貢，並且對至今為止在免稅對象範圍內的河川旁的土地課稅。**因促進新田開發與徹底的年貢增徵政策，幕府的總石高增加了10％，年貢收入則增加了20％。**

將軍親自研究米價市場

然而稻米的產出變高，導致米價有下滑的傾向。吉宗為了穩定米價，公認了大坂堂島的米市場不只可以進行現貨買賣，還可以進行期貨交易。

但是米價的漲跌非常激烈，吉宗為此決定親自研究米價的市場，花費了許多心力，所以也被稱為「米將軍」。

雖然幕府的財政有所好轉，但是農民的生活卻因此苦不堪言，百姓一揆在各地頻發。特別是1732年在西日本一帶發生了享保大饑荒後，

一揆更是大大暴增，甚至在江戶發生破壞行動。**因為無法繼續再加重農民的稅金，所以下一代老中田沼意次才會將政策轉向重商主義。**

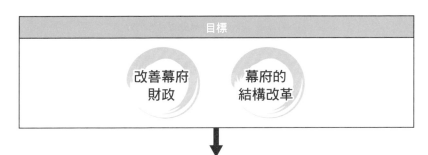

德川吉宗所推行的改革（享保改革）

目標		
改善幕府財政		幕府的結構改革

政策	
足高制	錄用人才，消減經費。
儉約令	禁止華美之物、奢侈品。
上米制	將參勤交代的江戶滯留時間減半，取而代之的是命大名繳納稻米。
開發新田	開拓山林與原野作為稻田或旱田，並納入課稅對象。
採用定免法	將年貢的換算方式從檢見法改成定免法，提高年貢比率。
導入有毛檢見法	無關等級，以收穫量為基準算出年貢率。
公認株仲間	透過授權徵收稅金。

結果
雖然透過增稅改善了幕府財政，但因負擔變得更重的農民所引發的一揆與破壞活動也跟著增加。

▶ 從幕府的角度看來，吉宗確實是位明君；但從農民的角度看來，吉宗與暴君無異。

雖然享保改革將重建財政放在第一順位，但也施行了其他各式各樣的嶄新政策。

例如為了因應江戶市區常常在冬天發生火災的密集木造家屋，幕府設置了許多廣小路與火除地，並鼓勵大眾使用較不易燃燒的瓦屋頂。除了原本的大名火消與定火消（以幕府的旗本編成）以外，還新設了以町方（町地）町人組成的町火消，強化消防體制。

吉宗為了聽取庶民的意見還設置了目安箱。如果要投遞意見，必須寫上住址與名字，並用信封封好。箱子的鑰匙由吉宗親自管理，他會看過所有信函，採用好的建言。位於江戶小石川（位於現東京都文京區）以貧民為對象的醫院 —— 小石川養生所，就是採納建言所施行的政策之一。

為了拯救愈來愈貧窮的旗本和御家人，吉宗發布相對濟令禁止金錢借貸（金公事）的相關訴訟，命令金錢問題直接由當事人自行解決。因此債權人開始降低利息，或是向債主妥協、降低條件，讓債主不得不還錢。根據情況，還有可能直接取消幕臣的債務。

其實在當時，江戶町奉行所受領的訴訟中（1718年時大約有三萬六千件），有90％都是關於金錢的借貸問題。所以這條法令，也是為了避開審理繁雜的金錢相關訴訟。

吉宗還命令町奉行大岡忠相等人製作彙總法令與判例集的公事方御定書，進而整備法律制度。公事方御定書分成上下兩卷，而集合判例與各種契約協定的下卷俗稱《御定書百箇條》。

吉宗也對外國的文物感興趣，因此讓部下青木昆陽與野呂元丈等人學習荷蘭語，並認可基督教以外的漢譯洋書輸入。在這之後，蘭學變得愈來愈發達。

綜上所述，享保改革在這幾年間，確確實實地展開了各式各樣的政策。

創設町火消

成立以町人組成的消防組織，強化防災體系，一開始有47組（之後變為48組）。

設置目安箱

將軍親自過目町人所投遞寫著各種意見的信函，並採用有用的意見。

吉宗

相對濟令

幕府不插手金錢借貸與賒帳所造成的糾紛（奉行所不予受理），命令當事人自行解決。

公事方御定書

以庶民為對象的法律。上卷主要關於司法，下卷主要關於刑法。

▶ 透過致力於防災工作、規定罰則等法令來改善治安。

Go back

那麼，為什麼吉宗有必要在這個時期實施各式各樣的改革？

為什麼這個時期的幕府將軍吉宗，需要多方面實施改革？

因為幕藩體制開始動搖，必須從根本改善幕府的狀況。

農民之間的差距愈來愈大

享保改革確實從多方面實施了改革，本章會一一說明個中緣由。

以將軍和大名的主從關係為基礎，成為強力統一政權的幕府和各藩，共同統治全國土地與人民的機制，就叫做幕藩體制。

在第3代將軍家光執政時期，幕藩體制才確實地確立起來。但是，經過將近一百年，到了江戶時代中期（18世紀），體制開始在各處出現裂痕。

幕府與藩的財政基盤，是向農村中占大多數的本百姓徵收年貢而來。江戶時代初期的農村在某種程度上都已達到自給自足。但因為17世紀末的商品經濟開始發達，農村本百姓之間的階層分化也愈來愈明顯。

有力的本百姓開始蒐集被典當的土地，並雇用小作人、日領雇工或年季奉公人來耕種這些廣大的土地，藉此蓄積財富。這些擁有財富的豪農，之後又成了名主或庄屋等等的村官，控制村子的行政。村裡也開始出現經營商業與工業的人。

另一方面，無法適應貨幣經濟，並在農業經營遭遇失敗而對土地放手的本百姓也逐漸增加。他們大多都淪為小作人、年季奉公人或日領雇工。因此許多農村都變成少數勝利組（豪農）與多數失敗組（小百姓、水吞與日領雇工等）的組成。

小百姓與小作人的不滿漸漸累積，開始對以村吏之姿為所欲為控制

村政的豪農，發起追究不公行為的運動（村方騷動）。

貧窮的農民流入都市

江戶時代中期開始，以本百姓為基礎的體制逐漸瓦解。同時，城下町等都市地區也開始出現變化。

在農村遭遇失敗的人們認為「如果去人口較多的都市，應該就有辦法生活了吧」，所以大量人口為了賺錢流入都市。因此在町地（町人可以居住的地區）擁有自家房屋的町人比例相對下降；**住在便宜的長屋（棟割長屋）從事棒手振與雜業的零碎人口急速增加**。他們的生活大多都很辛苦，其中也有沾染犯罪之人，**町的治安也因此惡化**。

由於人口密度過高，開始出現火災發生率提升等雜七雜八的問題。因此幕府創立了町火消，並設置小石川養生所。

而江戶的商品需求增加也導致物價高漲，無法返還高利貸的幕臣也開始增加，因此幕府發布了相對濟令。

如前所述，在家光時代確立起來的幕藩體制在各處開始產生裂痕，幕府不得不把這些裂痕修補起來。

在這樣的時代背景下，吉宗既是御三家之一的紀伊家一員，也是繼承德川宗家之位的將軍。他理解幕藩體制正在崩裂，因而堅決實施改革，想藉此改善幕府的狀況。吉宗還是紀伊藩主時，就成功進行過一次改革，故而他想活用這個成功的經驗來幫助自己的幕府政治大業。

Go back

如前面所述，江戶幕府以農村為年貢的收入源頭。但為什麼當初會選擇將農村作為幕府的財政基盤？

10 為什麼江戶幕府要將農村作為財政的基盤？

因為德川家康延續了豐臣政權的做法。

向耕作者課予繳納稅金的義務

江戶幕府的財政基盤，是從400萬石幕領（直轄地）之年貢為基礎建立的。這點從幕府開府以來基本上從未改變。

負擔這些年貢的是本百姓。本百姓也包含從事林業與漁業的人民，但基本上都是農民，他們擁有的田地與房屋（高請地）會被登記在檢地帳上。

相對的，沒有田地（也有例外）而是從事日領雇工幫忙耕種地主的田地者，就叫做水吞（無高百姓）。水吞不用繳稅，只有本百姓會被課予納稅的義務。

年貢並不是只有一種。主要的稅源，是從田地與房屋土地徵收的本年貢（本途物成）。**原則上是以稻米繳納，但也存在不少以金錢繳納的例子。**

年貢率大約落在*四公六民到五公五民，這是以收穫量的40％到50％進行徵稅的系統。一般來說，村吏會在秋季調查田地的收穫量，再以此調整稅率。這個制度叫做檢見取法（檢見法）。前述的本年貢有一個特徵，就是它並非以個人，而是以村落全體為單位繳納。也就是說，**如果遇到狀況收成不佳的村民，其他村民就必須負擔連帶責任將不足的份補上**（村請制）。

除了本年貢以外，也有從山野河海或副業的收益徵收稅金的小物

＊農民收入的40%上繳大名，60%歸為所得。

成，以及以石高為判斷基準徵收，稱為高掛物的附加稅等雜稅。此外，還有一種國役，是以一個國家或數個國家為單位進行徵收的夫役（勞動稅）。它被稱為人足役（夫役勞動），是一種要派出人力幫忙進行土木工程的稅。位於主要幹道旁的村子，會在必要時被課予為官方運輸提供人馬的傳馬役（助鄉）。

承前所述，江戶幕府以這些手段將農村作為財政基盤。**但其實這個系統是由豐臣秀吉所構築，家康只是承襲了這樣的系統而已。**

也就是說，讓江戶幕府持續了二百六十年的基盤，其系統是由豐臣秀吉所構築的。

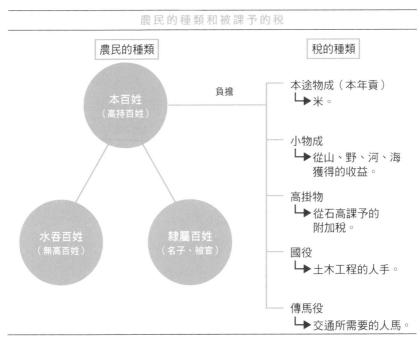

農民的種類和被課予的稅

農民的種類　　　　　　　　稅的種類

本百姓（高持百姓）　負擔

本途物成（本年貢）
↳ 米。

小物成
↳ 從山、野、河、海獲得的收益。

高掛物
↳ 從石高課予的附加稅。

國役
↳ 土木工程的人手。

傳馬役
↳ 交通所需要的人馬。

水吞百姓（無高百姓）

隸屬百姓（名子、被官）

▶ 除了本年貢，也有物納、金納與夫役等納稅形式。

Go back

那麼，豐臣秀吉是用什麼方式將農村作為基盤，建立財政系統的？

11 豐臣秀吉是如何確立以農村為基盤的財政？

統一天下，推行兵農分離政策。

徹底奪走農民的兵力

前文說明了江戶幕府的系統承襲自豐臣政權，而這位豐臣秀吉，則大幅改變了戰國大名的統治系統。

最具代表性的就是兵農分離政策。秀吉終結戰國之世一統天下後，開始鞏固統治基礎，推行了太閣檢地、刀狩、人掃令等身分統制令，建立至今從未有過的**兵與農分離的社會**。此制度以統治者來說是非常優秀的政策，之後繼承天下人的德川家康也順勢乘上當初豐臣秀吉鋪設的軌道。

我們就來看看豐臣秀吉是如何建立統治基礎的吧。

從貫高制到石高制

成為織田信長後繼者的秀吉，對新獲得的領地，和臣服於秀吉之下的大名領地進行了徹底的檢地。這就是所謂的太閣檢地（天正石直）。

太閣檢地與以前的檢地方法存在極大差異。一直以來的檢地，被稱為指出檢地，領地的面積與收入採自行申告制，但秀吉**不認可自行申告，他直接派遣檢地人員，到現地詳細調查田地和家屋土地的面積和等級。**

此外，中世的莊園制允許多人擁有同一塊土地的權利，而秀吉不認可這樣的事。他將直接耕作者登錄於檢地帳，在保障其耕作權的同

時，也課予負擔年貢的義務。這就叫做一地一作人之原則。**秀吉以肉眼看得到的形式，明確針對擁有耕作權的農民課予納稅義務。**

檢地帳以村為單位作成，年貢也是以村為單位繳納，而非以個人為單位。這個機制叫做村請制。如前所述，江戶幕府遂直接承襲了此機制。

秀吉也從根本改變了計算土地生產力的方法。

一直以來的做法是將土地的生產力換算為金錢，此法稱之為貫高制。秀吉則將土地的生產力換算成米。

檢地人員到達現地後，會開始調查田地的狀況，評定土地（田地）的等級。等級分成四個級次，評定等級的制度則稱為石盛。將等級乘以土地面積就可以算出石高（面積×石盛）。多虧了這樣的檢地政策，所有大名的石高都得到了明確數字，秀吉也會按照這個石高來決定軍役的負擔量。

正因為大名的石高變得可視化，所以如果是相同石高的地區，就可

秀吉施行的農地政策

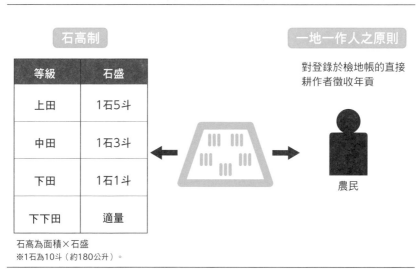

石高制

等級	石盛
上田	1石5斗
中田	1石3斗
下田	1石1斗
下下田	適量

石高為面積×石盛
※1石為10斗（約180公升）。

一地一作人之原則

對登錄於檢地帳的直接
耕作者徵收年貢

農民

▶ 農民會被課予與石高相應之年貢，大名則會被課予與石高相應的軍役和其他稅。

以像移植盆栽一樣將大名轉移到其他土地，這樣的機制稱為 石高制。

固定各種身分

戰國時代的農民經常受到動員，他們會以士兵之姿拿起武器前往戰場。但秀吉改變了這個現象，他禁止將農民作為士兵動員。

首先於1588年，京都大佛開始建立之際，幕府以製作釘子與鎹的名義，沒收了農民的刀、弓、槍與鐵炮等武器。這個政策叫做 刀狩，其真正目的是要防止農民一揆，讓農民可以專注在耕作上。

在這之後，秀吉還發布了 人掃令 與 身分統制令。

這個命令禁止侍奉武士的武家奉公人（兵）變成百姓（農民），也禁止百姓變成商人或職人；讓武士、武家奉公人與商人離開農村，移動至城下町，使農村裡只剩下農民。

這樣一來，**農村的農民不但武器被取走，身分也被固定下來。接著再以太閣檢地明確地課予年貢義務，將農民束縛於他們生活的土地上。至此，兵農分離得以確立。**

就這樣，秀吉成功大幅改變了長久以來的統治機制與社會。**若要問為什麼他可以成功執行如此龐大的變革，只能說因為是他統一了天下。**

Go back　那麼，為什麼在眾多的戰國大名之中，是秀吉統一了天下？

12 為什麼豐臣秀吉有辦法統一天下？

因為他成功成為織田信長的後繼者。

本能寺之變發生時其敏捷思維成為關鍵

1582年6月2日，織田信長在京都本能寺被家臣明智光秀殺害。

當時信長已讓畿內到關東的大名俯首稱臣，正在平定北陸與中國地方，並打算讓大軍渡海向四國推進。恐怕再兩年，不，說不定再一年的時間就可以達成統一日本的大業了。在這種勢不可當的局勢下，死亡卻突如其來地降臨。

隔日獲知這件事情的，是正在中國進攻高松城的織田家重臣羽柴秀吉。秀吉馬上與中國地方的毛利氏講和並返回京都。在本能寺之變發生僅僅11天後，於京都郊外的山崎打倒光秀。

成功為主君報仇的秀吉，在織田家獲得了龐大的力量。此後，秀吉確實且順利地逐一排除政敵，並成功守住主君信長的後繼者之位，免於落入他人手中，最終完成統一天下的大業。正因為他統一了天下，才得以達成前章所說的兵農分離，建立起強而穩固，甚至延續到下個幕府的統治機制。

本章將會說明關於秀吉在完成天下統一前後的情況。

使家康服從，成為天下人

成功為主君報仇的秀吉，於隔年1583年，在賤岳之戰擊敗了競爭對手柴田勝家，開始在石山本願寺的舊址築起巨大的大坂城。築城的目的

是為了強調自己才是信長的後繼者。

支配東海五國的德川家康也試圖阻擋秀吉。長年來，以同盟者立場協助信長天下統一大業的家康，當然也有奪取天下的野望。

於是家康和信長的次男信雄聯手，在1584年尊奉信雄，和秀吉的大軍交戰（小牧、長久手之戰）。對此，秀吉編制了別動隊並進行大迂迴，打算直接突擊家康的據點。但是計畫被家康早一步察覺識破，秀吉因

秀吉的簡歷 ❶

年月	事蹟
1537	出生於尾張國的中村。※關於他的出生有各種說法。
1554	侍奉信長。
1582	發生本能寺之變。
1583.4	於山崎之戰擊敗明智光秀。
9	於賤岳之戰擊敗柴田勝家。
1584	大坂城築城開始。
1585.7	於小牧、長久手之戰與家康交戰。
8	被朝廷任命為關白。
.586	降伏長宗我部元親（四國平定）。
1587.5	朝廷賜姓豐臣，任命太政大臣。
6	降伏島津義久（九州平定）。
9	發布伴天連追放令。
12	聚樂第完工，從大坂城移至此處。
1588	向關東、奧羽發布惣無事令。
1590	發布刀狩令。
	消滅北條氏（小田原之戰）。

▶ 只花了僅僅一代的時間，就從卑微的身分爬到最高官職關白。

此戰敗。雖然秀吉敗戰，但他成功與信雄單獨講和，因此失去戰爭名目的家康只好退兵離去。

隔年1585年，秀吉平定了四國的長宗我部元親並就任關白（輔佐天皇的官職），樹立了政權，也從朝廷獲賜豐臣姓，成為太政大臣。

1586年，秀吉讓德川家康臣服；1587年平定九州；1588年招待後陽成天皇到京都新蓋好的聚樂第，並集合各大名，讓他們宣誓效忠。接著在1590年，終於在關東小田原打倒北條氏，平定東北統一了日本。到這裡，離本能寺之變才經過短短8年。

短命的豐臣政權

雖然秀吉有千利休等人為智囊團，但政治還是由他自行管理。到了晚年，他讓心腹五奉行分擔政務，並制定重要事項須由有力大名五大老進行合議的制度。

五奉行為淺野長政、增田長盛、石田三成、前田玄以和長束正家五人。五大老則為德川家康、前田利家、毛利輝元、小早川隆景和宇喜多秀家五人。小早川逝世後由上杉景勝擔任。

豐臣政權的財政基盤，是從約200萬石的藏入地（直轄地）徵得的收入而來。他將重要的礦山與都市置於支配下，從中得到的收益和豪商的捐款則拿來營運政治。

秀吉一開始雖然承襲了織田信長的基督教保護政策，但在平定九州時，得知長崎的土地已被捐贈給耶穌會的事實，加上他發現吉利支丹甚至會破壞神社佛閣，所以在1587年，發布了伴天連追放令，將傳教士都趕出國。

但同時也鼓勵與葡萄牙和西班牙進行南蠻貿易，所以無法有效地防止傳教士潛入，政策沒能徹底執行。1596年，漂流到土佐的西班牙船聖費利佩號的船員表示「西班牙為了擴張領土，正在利用傳教士。」此情報傳入幕府耳中，秀吉在隔年於長崎處刑了26名傳教士與信徒

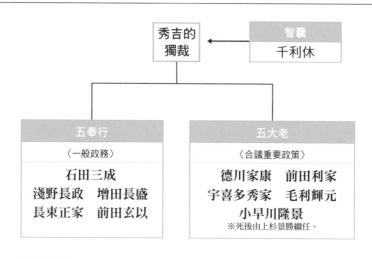

▶前田利家逝世後，德川家康流放了敵對的石田三成等人，進而掌握實權。

〔二十六聖人殉教〕，與西班牙的國交也呈斷絕狀態。

　　統一天下的秀吉，開始要求其他國家服屬豐臣政權，甚至企圖征服明朝。被豐臣政權首當其衝要求臣服的朝鮮，拒絕了這個要求，秀吉因此於1592年斷然決定向朝鮮出兵。雖然之後進入了暫時的和解狀態，但之後又再次出兵，並持續到1598年秀吉逝世為止。結果不僅**沒有得到朝鮮的領土，甚至還弱化了豐臣政權**。

　　因為身為後繼者的兒子秀賴年紀尚幼，秀吉死後豐臣政權內部發生分裂，導致1600年的關原之戰。在戰爭中勝利的德川家康掌握實權，短命的豐臣政權走向終點。

　　過了三年，江戶幕府開府，豐臣家淪為一般大名。但如前所述，秀吉的許多統治機制都被完整保留下來，成為德川長期政權的基盤。

　　秀吉在第一時間向外界宣布身為織田信長的後繼人，樹立自己的政權，甚至打造了延續至江戶時代的統治系統。雖然可以說這一切都是

秀吉的簡歷 ❷

年月	事蹟
1591	下達身分統制令。辭任關白，讓位給後繼者外甥秀次。 之後，秀吉被稱為太閤。
1593	側室淀殿生下秀賴。
1592	發布人掃令。爆發文祿之役。
1595	因秀次自盡，秀賴成為後繼者。
1596	處刑傳教士與信徒（二十六聖人殉教）。
1597	爆發慶長之役。
1598.8	逝世。

▶ 雖然用一代的時間就爬上權力巔峰，但權力的繼承卻不是很順利。

因為他本身的才能，讓他造就了這種偉業，但其實也是因為他所服侍的主君織田信長在前面幫他開了不少路，才得以達成這個大業。說到底，天下統一本來就是織田信長所追求的目標。

Go back

那麼，為什麼信長可以如此接近天下統一？

13 為什麼織田信長能夠如此接近天下統一？

因為他施行了諸多嶄新政策，如重視鐵炮、撤廢關所，以及與佛教對決等。

精進不休的武將

織田信長是一位**樂於引進新事物與系統**的人。

信長非常重視鐵炮，不斷推出如撤廢關所等嶄新的政策。對傳入日本時日尚淺的基督教也抱持著興趣，便學習了相關的知識。另一方面，他面對既存權力的態度非常強硬，對反抗自己的佛教勢力也進行了徹底鬥爭。

本章節將會說明在日本歷史上擁有數一數二人氣的織田信長之生涯。

從弱小勢力成為屈指可數的大勢力

織田信長是尾張國的大名。從年幼時就因為風格特異、奇行不斷的關係，被周圍的人稱作「utsuke（轡）」。他在1560年的桶狹間之役，一舉擊敗支配駿河國與遠江國的今川義元大軍而一躍成名。

接著和原屬義元的三河將領德川家康結盟進軍美濃，並於1567年擊潰美濃國的齋藤氏。隨後信長將據點從清州移至美濃，開始使用「天下布武」之印。

天下布武並不是要統一天下的意思。較有力的說法是，天下布武四字為「使幕府將軍領導的畿內政治復活」之意。就這樣於1568年，信長尊奉第13代將軍足利義輝的弟弟義昭，進入京都擁立義昭為第15代將軍，藉此將畿內置於支配下。

室町幕府經歷西元1467年的應仁之亂後，雖然仍然續存，但已經無法發揮出全國政權的機能了。也就是說，此刻實質上已經進入大名割據的戰國時代。幕府雖然衰退了，但信長仍於1568年擁立義昭成為室町幕府的將軍，同時也穩定了畿內的狀況，並在這之上開始擴張領土的行動。

但是，要維持畿內的穩定並不容易。1570年，近江國的淺井長政（信長的妹妹阿市之夫）與越前國的朝倉義景起兵反抗，但在姊川被信長擊敗。隔年，信長燒殺了不願服從的**比叡山延曆寺**。只要看到違抗自己的人，就算對方是宗教勢力，信長也會嚴厲地採取措施。

但是，大約從這個時期開始與信長交惡的將軍義昭，祕密與諸大名聯手組成信長包圍網。於是，以淺井氏和朝倉氏為首，除了三好三人眾[*]、六角氏與石山本願寺等畿內勢力外，甲斐國的武田信玄、中國地方的毛利氏以及各地的僧兵和一向宗門徒紛紛加入了信長的敵對勢力。

[*]三好政長、三好長逸、岩成友通的統稱。

足利將軍家之家系圖

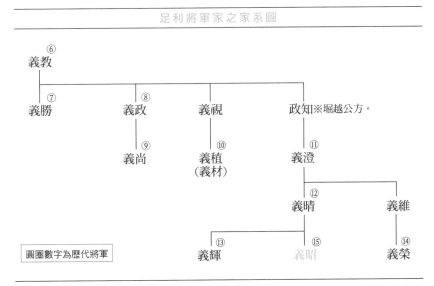

圓圈數字為歷代將軍

▶ 應仁之亂後，幕府將軍喪失權威。之後繼承將軍之位的人選，都是由畿內的有力者所擁立。

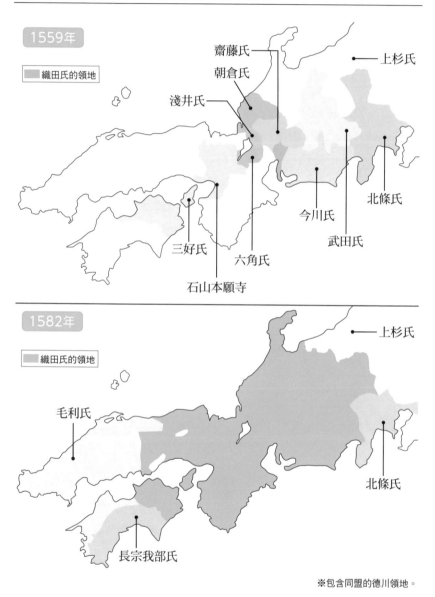

1559年

織田氏的領地

齋藤氏
朝倉氏
淺井氏
上杉氏
三好氏
六角氏
石山本願寺
今川氏
武田氏
北條氏

1582年

織田氏的領地

毛利氏
上杉氏
北條氏
長宗我部氏

※包含同盟的德川領地。

▶ 平定尾張國後，花了二十餘年將勢力從關東擴張至中國地方。

對信長來說，此後數年是一段非常辛苦的時期。特別是1572年武田信玄率領大軍進軍京都時，實在是魚游沸鼎。

與信長結成同盟的家康，雖然想在遠江國的三方原阻止武田大軍，但被打得七零八落。再這樣下去，武田大軍要橫掃京都只是時間問題。然而信玄在遠征途中逝世，死因不明，信長就這樣從九死一生之境中脫險。

使用鐵炮大敗武田勝賴

好不容易絕處逢生的織田信長，在隔年1573年，將呼應信玄的幕府將軍義昭逐出京都，並消滅了室町幕府，還打倒了朝倉義景與淺井長政。到了1575年，更在三河國的長篠、設樂原之戰大敗武田勝賴（信玄的後繼者）。這場戰爭也可以說是一場劃時代的戰爭，因為信長在這場戰役中**投入了大量名為鐵炮的新兵器**。

1543年，葡萄牙人將鐵炮帶來種子島。這群葡萄牙人並不是從歐洲過來的，他們主要在東南亞活動，是湊巧乘著倭寇（以日本為據點的海盜）的船漂流到了種子島。島主種子島時堯對鐵炮的威力感到非常吃驚，於是購買了兩門鐵炮，其中一門贈予主君島津氏。關於鐵炮的傳入年分，歐洲的紀錄大都是在1542年。由於當時正值戰國時期，這個新武器引發了很大的話題。鐵炮馬上被仿製，並在堺和近江國的國友村等地開始量產。

其有效射程只有約100公尺，發射子彈的前置準備也相當耗時，所以不太適合實戰。但信長透過大量使用這個新武器，讓鐵炮變身成無敵的兵器。

　　如前所述，信長對在1549年才傳入日本沒多久的基督教感到很有興趣。他保護了傳教士，還許可教會在京都與安土的建設。信長也會從傳教士口中得到有關歐洲的技術與風俗知識。

　　此外，他將京都與堺等都市置於支配下，並在琵琶湖旁邊建築壯麗的安土城，讓家臣集團集居於此。這個時期，織田信長渴望成為天下人的想法開始萌芽。**對於城下，他發布樂市令免除稅金，認可工商業的自由營業活動，打算藉此讓町繁榮起來；並撤廢各地的關所，讓物資與兵力的運輸更加容易，促進了商業發展。**

　　這個重視經濟的政策，將會被信長的部下秀吉（羽柴）繼承下去。

　　1580年，信長與頑強抵抗的石山本願寺法主顯如講和，並於1582年擊潰宿敵武田氏。隨後信長開始計畫攻打擁有巨大宗教勢力的高野山。同時，因與平定四國的長宗我部元親開始對立，信長將自己的兒子任命為總大將，讓他在大坂集合士兵，準備攻打四國。

　　信長命令正在攻打中國地方的秀吉在戰爭中遇到了大瓶頸，信長於是決定親自趕赴現場，卻遭遇家臣明智光秀反叛，在京都本能寺失去了性命。織田信長這位人物，的確是縱橫戰國的一代英傑。

　　正因秉持安定畿內，踏上天下統一之征途，並超越傳統的政治、秩序和權威，以打造新世界為目標、為此披荊斬棘的織田信長，才讓後面的秀吉、家康得以一統天下，迎來江戶二百六十年的太平盛世。

　　本章說明了織田信長的登場與豐臣秀吉如何使戰國時代走向終焉。

　　下一章，將從他們活著的時代開始講起。

年月	事蹟
1534	出生於那古野城，為尾張國守護代的織田氏支流之嫡子。
1551	父親信秀逝世，繼任家督。
1559	統一尾張國。
1560	在桶狹間擊敗今川義元。
1562	與德川家康結為同盟。
1567	在稻葉山之戰擊敗齋藤龍興，並以稻葉山城（之後的岐阜城）為據點。
1568.9	尊奉足利義昭並入京。
1570.4	遠征越前國時，被妹夫淺井長政背叛而撤退。
6	在姉川擊破淺井、朝倉聯合軍。
9	與石山本願寺展開石山戰爭。
1571	燒殺比叡山延歷寺。
1573	流放足立義昭（室町幕府正式滅亡）。
1574	消滅伊勢長島的一向一揆。
1575.5	在長篠、設樂原之戰擊敗武田勝賴。
8	消滅越前國的一向一揆。
1576	在近江國建築安土城。
1577.2	將據點從岐阜城移至安土城。
6	在安土城下建立樂市。
1582.3	在天目山之戰獲得勝利，消滅武田氏。
6	滯留京都本能寺時，遭家臣明智光秀襲擊，自盡身亡（本能寺之變）。

▶ 雖然信長成功征服了各地勢力，但是他在距離成為天下人一步之遙時命染黃沙。

第
2
章

江
戶
時
代
～
戰
國
時
代
末
期

近世的文化

　戰國時代後期的文化稱為安土桃山文化。這個名稱的由來是源自織田信長的居城安土城，和豐臣秀吉度過晚年的居所京都桃山（伏見城）。

　安土桃山文化的特點是華美絢麗的作品群。雖然造就這股風潮的是戰國大名與豪商，但信長奇異的作風和秀吉華麗的風格，對文化帶來的巨大影響也不容忽視。只有在戰國時期，才會有如松本城與姬路城等值得一看的城郭建築。此外，歐洲人抵日也反映在安土桃山文化所擁有的濃厚南蠻色彩上。千利休所建構的茶道也爆發性地流行，孕育出精美的陶器和茶具。

　接下來的江戶時代持續了二百五十年，其間可以分成四個文化，分別是寬永時期的文化、元祿文化、寶曆天明文化與化政文化。

　寬永時期的文化雖然承襲自安土桃山文化，但因此時正值幕藩體制的確立期，所以有順應體制的保守傾向。代表性建築為權現造的日光東照宮陽明門。其細緻的雕刻與色彩令人歎為觀止。此外，融合了書院造與茶室的數寄屋造建築——桂離宮與修學院離宮，也是十分優美的建築。

　元祿文化大概在17世紀中葉到18世紀初左右，以擁有「天下的廚房」名號的大坂等地之上方豪商為主要文化推手，特色為崇尚現實主義與合理主義。代表性畫作有尾形光琳《紅白梅圖屏風》、菱川師宣《美人回眸圖》（浮世繪）；代表性文學有松尾芭蕉《奧之細道》（俳句）、井原西鶴《好色一代男》（浮世草子）等。

　從18世紀中葉開始的文化稱為寶曆天明文化。在學術領域，以歐洲的解剖書《解體新書》翻譯完成為契機，醫學領域與蘭學開始發達起來。另一方面，日本受佛教與儒教影響前，稱之為國學的研究也非常流行，本居宣長的

《古事記傳》為代表作。浮世繪方面，鈴木春信首創多色印刷版畫的錦繪；喜多川歌麿則以美人畫博得人氣。

在19世紀初期開花的文化，稱為化政文化。化政這個名稱，是從文化、文政這兩個元號各取一字而成，此文化反映了當時腐敗的政治狀況，有較為世俗和重於享樂的傾向。浮世繪方面，葛飾北齋與歌川廣重等人的風景畫在此時非常流行。代表性作家為十返舍一九、曲亭馬琴和小林一茶等人。

關於近世的五個文化

文化名	特徵	代表事物
安土桃山文化	為了展示權威而發展出華美絢麗的文化。	<建築> 安土城、聚樂第 <繪畫> 《唐獅子圖屏風》、《洛中洛外圖屏風》
寬永時期的文化	繼承安土桃山文化但偏保守。	<建築> 日光東照宮、桂離宮、修學院離宮 <繪畫> 《風神雷神圖屏風》、《夕顏棚納涼圖屏風》
元祿文化	以大坂與京都的町人為中心，充滿活力的文化。	<文學> 《好色一代男》、《日本永代藏》、《奧之細道》、《國姓爺合戰》、《曾根崎心中》 <繪畫> 《紅白梅圖屏風》、《美人回眸圖》 <藝能> 歌舞伎、淨琉璃
寶曆天明文化	江戶町人所主導的文化。	<文學> 《解體新書》、《古事記傳》、《群書類從》、洒落本與黃表紙 <繪畫> 錦繪（浮世繪）
化政文化	強調江戶町人之娛樂性要素的文化。	<文學> 《東海道中膝栗毛》、《南總里見八犬傳》、《雨月物語》 <繪畫> 《富嶽三十六景》

▶ 以町人為中心的文化繁榮起來，取代了以貴族和武士為中心的文化。

鎖國體制的成立

　　1543年葡萄牙人漂流到種子島後，葡萄牙商船開始造訪九州各個港口，開啟了南蠻貿易。織田信長對外國表現出友好態度，認可了基督教的傳教行為；豐臣秀吉則在1587年發布伴天連追放令，以防止基督教滲透為名，將傳教士趕出日本。但因為此時也正在鼓勵與南蠻進行貿易，所以法令的效果有限。此外，秀吉打算征服明朝，並命令朝鮮任其先鋒，但朝鮮拒絕配合，故而秀吉斷然決定出兵朝鮮。

　　起初德川家康也很積極和海外進行貿易。1600年，荷蘭商船Liefde號意外漂流到豐後國，家康將船員耶揚子（Jan Joosten van Lodensteyn）（荷蘭人）和威廉·亞當斯（William Adams）（英國人）作為外交顧問，藉此吸引荷蘭與英國前來。結果，兩國都在平戶設置了商館，並開始與日本進行貿易。

　　1610年，家康將京都商人田中勝介送到當時是西班牙領土的墨西哥，打算再次與西班牙通商。在豐臣政權時期的聖費利佩號事件（第107頁）發生後，兩國就此斷絕了國交。然而與西班牙恢復通商的計畫並沒有實現。

　　這個時期，西國的大名與豪商憑藉江戶幕府發行的渡海許可證（朱印狀）向東南亞派遣船隻，積極從事貿易（朱印船貿易）。

　　但是到了1612年，家康禁止幕領內的人們信仰基督教，隔年甚至將禁教令的範圍擴張至全國。家康認為西班牙和葡萄牙的占領慾望很危險，也對吉利支丹的團結感到不安。2代將軍秀忠為了防止基督教滲透，在1616年將中國以外之貿易船的暫時停靠港限定在平戶與長崎。並於1622年，在長崎處刑了傳教士與吉利支丹共55人（元和大殉教），目的是為了殺雞儆猴。隨後於1624年禁止西班牙船來日。繼任的3代將軍家光則在1635年全面禁止

日本人海外渡航與歸國。

　1637年爆發島原之亂（島原天草一揆）。因反對島原城主松倉氏與天草領主寺澤氏課的重稅，民眾以首領天草（益田）四郎時貞為首，發起了百姓一揆。此次一揆有眾多吉利支丹加入。因叛軍頑強抵抗，吃驚的幕府在1639年禁止葡萄牙船來日，並於1641年將荷蘭商館從平戶移至長崎出島，完成鎖國制度。

成為對外窗口的長崎

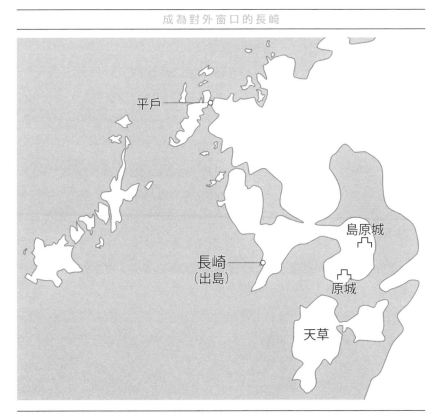

平戶

島原城

長崎
（出島）

原城

天草

▶ 將外國船的出入限定在長崎出島。

07 主題 江戶時代的外交體制

　　雖說江戶時代進行鎖國，但並非完全與海外斷絕交流，那時還是開啟了所謂的「四個出口」。

　　分別是長崎口、對馬口、薩摩口與松前口。

　　長崎是全國唯一的國際港口，開放給荷蘭與中國出入。

　　巴達維亞（現雅加達）荷蘭東印度公司在長崎的出島設置分店，作為商館向島內進行貿易。荷蘭商館長也為了與日本將軍保持友好關係，每年都會從平戶前往江戶一次，向將軍行禮。

　　此外，長崎也是與中國進行貿易的地方。雖然家康想恢復因朝鮮出兵而斷絕的明國國交，但沒能成功。不過明的民間商船仍頻繁地來到長崎進行貿易。17世紀中葉，明朝滅亡，滿洲民族大清統一了中國，雖然幕府同樣未能與大清建交，但來訪長崎的清朝船隻卻是連年增加。為了防止基督教滲透，幕府在1688年將雜居在長崎的清人規畫到名為唐人屋敷的區域居住。這是一塊四周都被高牆包圍的區域。

　　關於長崎貿易，從外國進口的產品有中國產的生絲、絲織品與書籍；歐洲的棉織品及毛織品，還有南洋的砂糖、蘇木、香木、獸皮與獸角等。出口國外的商品則是銀、銅及海鮮等。

　　家康透過對馬的宗氏與朝鮮協調，成功恢復國交。在此之後，只要逢將軍更替之時，朝鮮都會派遣通信使作為祝賀使節參訪幕府。對馬的宗氏則獲得許可，得以派遣家臣長駐釜山的倭館並進行貿易。從朝鮮進口的產品主要是米、木棉和朝鮮人參等，而對馬則會出口東南亞的胡椒、藥劑、蘇木、銅和錫等。

1609年，薩摩藩以武力鎮壓琉球王國，將琉球置於支配下。但薩摩藩讓琉球維持獨立國家的姿態，藉此讓琉球繼續與中國（明、清）貿易，從而獲取利益。

支配蝦夷地的松前氏則在1604年從德川家康處獲得了阿伊努的交易獨占權。阿伊努也與大清、俄羅斯保有貿易關係，這些舶來品便可經由松前藩流入國內。

江戶時代的四個窗口

窗口	管理者	通商對象
① 長崎口	長崎奉行	中國（明、清）、荷蘭
② 對馬口	對馬藩	朝鮮
③ 薩摩口	薩摩藩	琉球王國
④ 松前口	松前藩	蝦夷地

蝦夷地

朝鮮

中國（明、清）

江戶（幕府）

琉球王國

▶雖說有所限制，但日本還是有和複數對象進行貿易。

參勤交代的制度

　　在江戶時代，大名每年都會進行一次輪班，往返於自國與江戶之間，只能說這是個奇妙的制度。而這個奇妙的參勤交代變成義務的時間點，是在1635年第3代將軍家光執政之時。不過其實從以前就有很多大名會讓妻子住在有幕府將軍居住的江戶。大名本人也會為了新年的問候親自拜訪將軍，並暫時滯留江戶。此事在那時就已經是慣例了。

　　這一制度是為了讓大名顯示自己對將軍的忠誠，且並非江戶幕府獨創，織田信長與豐臣秀吉也曾分別在安土城與大坂城讓大名進行參勤。

　　參勤交代原則上為在府（滯留江戶）一年，在國（自國生活）一年。

　　進行參勤交代必須花費龐大的費用。有一說表示，一次參勤交代的費用是藩支出額的20％至40％。雖然隨行人數是以石高為比例決定的，但參勤交代也是展示自藩威信的一大活動，所以藩與藩之間都會比較行列的隨行人數與華美程度。100萬石以上的加賀藩前田家就曾帶4千人來回自國與江戶。

　　但是，各藩也會在對方看不到的地方節省經費。出發時是大陣仗，但只要出了江戶或是自國，就讓一部分的家臣先行回去。途中的人力需求以及雜七雜八的事務，就以雇用臨時工來解決的藩也不少。還有一邊喊著「快跪下 ── 快跪下 ──」一邊慢慢前進的「現象」，也只限於江戶內或到達國境邊界之時。只要圍觀的人一消失，前進的速度就會一口氣提升。為了節省住宿費，一天移動40公里是理所當然的事。也有一些大名選擇在寺院或神社過夜，甚至還有露宿野外的案例。除了最低限度的個人物品，其他東西大多是在各個旅館租借的。

　　儘管如此，參勤交代還是會產生龐大的支出。庄內藩與仙台藩就曾發生過在途中用盡金錢，落得必須從江戶或自國派遣急使送錢過來，不然無法繼續

前行的慘況。因為這些實情，所以有些人會認為參勤交代的目的實則是讓大名花費巨資，弱化其經濟力，使之沒辦法反抗幕府。但這其實是錯誤的，幕府反而時常規勸大名不要讓行列太過華美。

以加賀藩為例的參勤交代

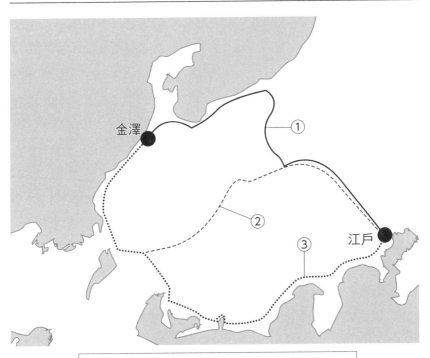

① ——— 北國下街道～中山道（464.1 公里）

② - - - - 北國上街道～中山道（639.6 公里）

③ ········ 北國上街道～美濃路～東海道（589.9 公里）

▶ 就算是三條路線中最短的路線①，也要花費12天13夜的時間。

主題 江戶時代的經濟與流通

關於江戶的貨幣制度，以江戶為中心的東日本使用的是金幣（使用黃金）；以大坂為中心的西日本使用的是銀圓（使用白銀）。為了解決東西日本進行交易時，金與銀的市場價格不斷變化的情況，出現了兩替商（現在所說的銀行）。

此外，江戶也是武士對將軍進行參勤而集聚的大消費地區。另一方面，大坂作為商業大都市的性格較強，物流的流向基本上都是大坂往江戶。日語有一句話叫「くだらないもの」（發音：kudaranaimono），意為無聊的東西。這句話的語源來自「已經過時到不能從（上方的）大坂送往江戶的品項。」〔下らない（發音：kudaranai），此處意為往下送。因大坂是俗稱上方的地方之一，送往江戶的講法自然就變成「往下送」。〕

大坂積聚了大量各藩的年貢米和特產物，這叫做藏物，藏物會先存放在藩的藏屋敷，然後藩會委託稱為藏元的商人將藏物換成金錢，再由負責出納的商人掛屋，將金錢送回自國。而藏元和掛屋通常由同一個兩替商兼任。

大坂也有很多來自農民與手工業者的商品，這些商品叫做納屋物。專門進貨這些藏物和納屋物的大商人叫做問屋商人。問屋會將進的貨出給名為仲買的商人，仲買再將這些貨出給名為小賣的商人，然後小賣再將這些商品賣給消費者。

如前所述，積聚在大坂的物資有大半都會送往江戶，而以第一手經手這些貨物的大型集貨問屋組織（株仲間）叫做二十四組問屋。

二十四組問屋是以菱垣廻船與樽廻船，經由南海路（連接江戶與大坂的航道）來運送貨物的。

另一方面，到達江戶的貨物也會由經手第一手的收貨問屋組織來處理。這

個收貨問屋組織叫做十組問屋。從大坂運送過來的貨物經由十組問屋交到問屋手中，從問屋再到仲買，仲買再賣給小賣，最後小賣再將商品交到消費者手中。

江戶時代的物流機制

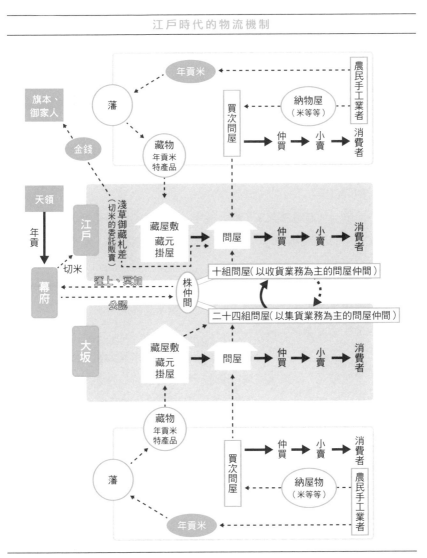

▶ 由幕府與藩公認的株仲間擔任物流的關鍵角色。

江戶時代的交通制度

以江戶日本橋為起點的東海道、中山道、日光道中、奧州道中及甲州道中合稱為五街道。除此之外的其他主要幹道也是以江戶為基軸，向各國以放射狀延展出去。

道路每隔1里（4公里）會設置路標，沿路也以一定距離設置宿驛（住宿地）。宿驛配有稱為本陣、脇本陣的官方住宿設施，還有為官方提供更換人力與馬力的問屋場。

大名的參勤交代為宿驛帶來了龐大獲利，這也是街道繁榮的原因之一。一般旅人所使用的旅館稱為旅籠、木賃宿。旅籠會提供餐點，但木賃宿原則上是沒有提供餐點的。

到了江戶中期以後，庶民的旅行開始流行，也出現進行伊勢參拜等的女性旅人。但是想從江戶前往地方的女性，到了關所會被嚴格審訊，這是為了防止大名妻子非法逃逸。

幕府為了抵禦敵人向江戶推進，因此沒有在大井川等大河架設橋樑。旅人只能利用渡船越河，如果遇到河川漲水行程就會延宕好幾天，非常不便。

海上交通也漸漸發達。1670年河村瑞賢為了將陸奧國信夫郡（東北地區的太平洋一側）的米穀運送至江戶，開闢了東迴航路。

另外，為了將出羽國（山形縣）的稻米送往江戶，順著酒田、庄內、新潟、小木、輪島、三國、小濱、鳥取、米子、松江、濱田、萩與日本海沿岸的各個港口，再從下關進入瀨戶內海並從紀州沖離開遠州灘，最後經由下田入港江戶，開闢了所謂的西迴航路。

這條路線後來發展成為北前船運送蝦夷地（北海道）的鯡魚與海產物到西國地區的主要航道。

到現在可以發現，北海道、東北與瀨戶內海沿岸地方存在著相似的文化傳統，其實這是西迴航路帶來的現象。海運不只運送物資，也流通了文化。

江戶時代的五街道（起點與終點）

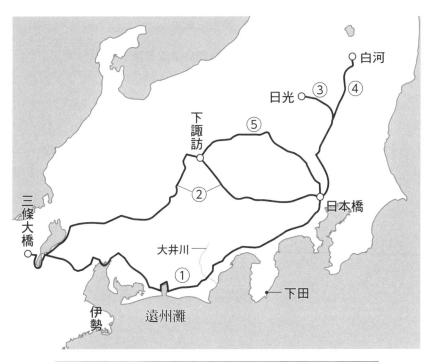

①	東海道	日本橋 ── 三條大橋（住宿設施數量：53）
②	中山道	日本橋 ── 守山（住宿設施數量：67）
③	日光道中	日本橋 ── 日光（住宿設施數量：21）
④	奧州道中	日本橋 ── 白河（住宿設施數量：27）
⑤	甲州道中	日本橋 ── 下諏訪（住宿設施數量：45）

▶ 五街道之中的其中三條，是連接京都與江戶的路線。

年代	天皇	重要事件
1841年	仁孝	水野忠邦開啟天保改革。
1837年	仁孝	大坂爆發大鹽平八郎之亂。
1825年	仁孝	發布異國船驅逐令。
1787年	光格	松平定信開啟寬政改革。
1782年	光格	發生天明大饑荒。
1767年	後櫻町	田沼意次掌握實權，開啟改革。
1716年	中御門	德川吉宗上任將軍之位，開啟享保改革。
1639年	明正	禁止葡萄牙人來日（鎖國開始）。
1637年	明正	爆發島原之亂。
1635年	明正	德川家光將參勤交代義務化。
1615年	後水尾	因大坂夏之陣，豐臣氏滅亡。發布武家諸法度與禁中並公家諸法度。
1603年	後陽成	德川家康開啟江戶幕府。
1600年	後陽成	爆發關原之戰。
1592年	後陽成	開始向朝鮮出兵（文祿之役）。
1590年	後陽成	豐臣秀吉平定奧州，統一全國。
1582年	正親町	發生本能寺之變後，馬上爆發山崎之戰。在戰爭中勝利的豐臣秀吉開始太閣檢地。
1573年	正親町	足利義昭被逐出京都，室町幕府滅亡。

第
3
章

戰國時代

平安時代末期

01 為什麼織田信長等戰國大名會爭奪霸權？

因為應仁之亂讓室町幕府的支配力變弱了。

幕府弱化而迎來戰國時代

戰國大名活躍的時代，當然就稱為戰國時代。這是大名割據爭奪霸權的時代，可是為什麼日本會有如此漫長和激烈的戰爭時期？最大主因就是應仁之亂，這讓當時室町幕府的力量明顯衰退。詳情會在本章節好好分析。

1467年開始的應仁之亂，讓以室町幕府為主體的支配結構激烈變化，使戰國之世降臨日本。

應仁之亂中，兩軍大將在戰爭途中病死但兩軍仍戰鬥不休，和議成立還得等到1477年之時。

貴族中有人躲避戰爭，投靠相識的人脈，或是遠赴自己的莊園。到地方避難的人並不少，也可說京都文化因此得以擴散到地方。

動亂到結束為止花了11年，其間室町幕府的支配力僅於京都附近，參加京都合戰的守護大名疲弊不堪。成為戰亂舞台的京都本身，也成為一片灰燼荒原。

應仁之亂後，畿內地方的實權由管領細川氏掌握，最後身為家臣的三好長慶驅逐主君細川晴元並奪取權力；再之後則由家臣松永久秀凌駕主家三好家，在畿內地方確立霸權。久秀這人是個暗殺第13代將軍足利義輝，燒掉東大寺大佛的可怕人物，後來成為信長的家臣，但最後還是背叛信長而在信貴山城自殺身亡。

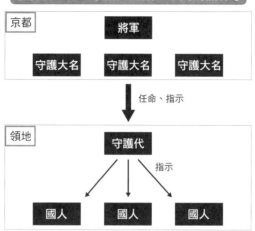

【守護大名、守護代與國人之間的關係】

京都　將軍

守護大名　守護大名　守護大名

任命、指示 ↓

領地　守護代

指示

國人　國人　國人

主要戰國大名的出身　※（ ）內為據點的所在國。

守護大名出身	
大內義隆（周防）	島津貴久（薩摩）
今川義元（駿河）	武田信玄（甲斐）
大友義鎮（豐後）	佐竹義重（常陸）

守護代，或其一族出身	
朝倉孝景（越前）	尼子經久（出雲）
陶晴賢（周防）	上杉謙信（越後）
織田信長（尾張）	

國人出身	
毛利元就（安藝）	結城政勝（下總）
宇喜多直家（備前）	龍造寺隆信（肥前）
長宗我部元親（土佐）	德川家康（三河）
相良義陽（肥後）	淺井長政（近江）
伊達政宗（陸奧）	

其他、不明	
北條早雲（伊豆、相模）	齋藤道三（美濃）
松永久秀（山城）	

▶打倒比自己身分高的人物或服侍的人物等而變成戰國大名。

在這場戰亂裡，各地的守護代（被守護大名任命支配當地的守護重臣）和國人（在地的有力武士）代替了中央政府室町幕府而勢力大增，另外也有驅逐守護大名而掌握權力的人登場。

他們將周邊的國人和地侍組織化，在當地開始獨自支配。這種新興勢力稱為戰國大名。

守護代出身的戰國大名，著名的有越後國的上杉謙信、尾張國的織田信長。國人出身的則有陸奧國的伊達政宗、安藝國的毛利元就、三河國的德川（松平）家康等。

當然，也有守護大名直接戰國大名化的案例。駿河國的今川義元、薩摩國的島津貴久，和甲斐國的武田信玄就是這種典型。其中也有像美濃國的齋藤道三、山城國的松永久秀等來歷不明者當上戰國大名的例子。

戰國大名的支配體制

戰國大名採用了讓有力家臣成為「寄親」，讓一般家臣作為「寄子」而附屬其下加以統制、管理的寄親寄子制；將家臣所有土地的生產力換算成金錢，依各自的經濟力讓其負擔軍役。還有就是制定領國支配的基本法，亦即分國法（家法），家臣的土地繼承和婚姻須經大名許可，也有爭鬥雙方都會被罰的喧譁兩成敗法等，對家臣的統制和管理相當用心。

戰國大名為了強化防衛力而在領地內建設許多城塞，例如以關東小田原為據點的北條氏建造了許多支城，巧妙利用其網絡擊退侵入領內的武田信玄和上杉謙信。到了戰國後期，大名讓重臣集中居住在居城或重要城塞的周圍，藉此提高軍事的機動力。

同時也著手整備往城下的街道、撤除關所確保通行自由，在城下町發布樂市、樂座令讓商業活動更圓滑以促進工商業發展。

戰國大名重複讓領國富裕來增加收入，以其收益強化軍事力戰勝與

其他大名的戰爭，再擴大領土的循環來壯大勢力。

作為富國政策的一環，金、銀、銅山等的開發也蓬勃發展，因此挖掘技術和提煉技術突飛猛進。甲斐國、伊豆國和越後國的金山，石見國和但馬國的銀山等，就是在這個時期被開發而生產量飛躍性增加的礦山。像這樣獲得的金銀被當成貨幣在領國內交易，或成為南蠻貿易的輸出品，帶給領國巨大的財富。

戰國大名在治水、堤防工事方面，積極建造灌溉設施等，致力於農業發展，說到底也是為了富國。例如現存於山梨縣的信玄堤，就是甲斐國的武田信玄在釜無川和御敕使川之交會地建造的堤防。這個時期日本國內的耕地會擴大，也是戰國大名強迫家臣和領民推進山野開拓的結果。

不過，雖然說是戰國大名，但若不為領民思考的話也很難作為主人君臨當地。所以這些政策也含有撫慰領民的目的。

就像這樣，因應仁之亂而讓幕府支配力低下為背景，各地出現了戰國大名，最後其中的織田信長變得強大，開始以統一日本為目標行動。

Go
back

那麼招來戰國之世的應仁之亂，為什麼會發生？

02 ▷ 為什麼會發生應仁之亂？

 因為將軍的力量衰退，加上將軍家和管領家的家長之爭。

讓東西對立的諸多理由

招致戰國時代的應仁之亂，其最初原因是**室町幕府的足利將軍家和有力守護大名家的家長之爭**。

沒有男丁的第8代將軍足利義政，讓弟弟義視成為繼承人。但是之後其妻日野富子懷孕生下了兒子（義尚）。富子希望讓義尚當上將軍，而請託了有力守護大名山名持豐（宗全）。知道此事的義視，向管領（輔佐將軍行政的職位）細川勝元提出協力要求。

同一時期，擔任管領家的斯波氏和畠山氏也發生了家長之爭，各自前去拜託山名和細川。其實在這個時期，山名和細川等有力守護大名已掌握幕府實權。幼少就成為將軍的義政對政務毫無興趣，導致將軍的威勢更為虛弱。**最後多數守護大名都因為利害關係而分成細川方和山名方，兩大勢力的對立升高，終於在1467年以京都為主戰場展開大戰**，這就是應仁之亂的開端。

然而僅僅在一開始的時候有大規模武力衝突，之後兩軍都建立了堅固的陣地強化守備，主要利用足輕（素行極差的傭兵）展開局地戰，導致京都市區因為足輕放火和掠奪而荒蕪。戰爭持續了十一年之久，兩軍從京都撤軍而終結亂事是在1477年的時候。

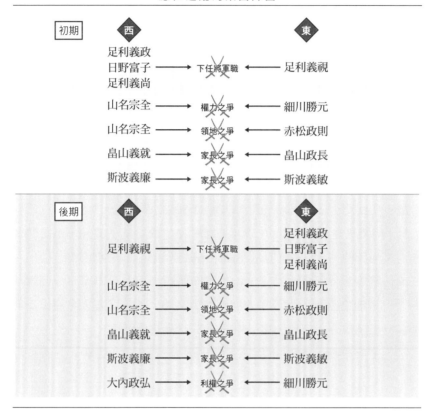

應仁之亂的東西陣營

初期

西		東
足利義政 日野富子 足利義尚	→ 下任將軍職 ←	足利義視
山名宗全	→ 權力之爭 ←	細川勝元
山名宗全	→ 領地之爭 ←	赤松政則
畠山義就	→ 家長之爭 ←	畠山政長
斯波義廉	→ 家長之爭 ←	斯波義敏

後期

西		東
足利義視	→ 下任將軍職 ←	足利義政 日野富子 足利義尚
山名宗全	→ 權力之爭 ←	細川勝元
山名宗全	→ 領地之爭 ←	赤松政則
畠山義就	→ 家長之爭 ←	畠山政長
斯波義廉	→ 家長之爭 ←	斯波義敏
大內政弘	→ 利權之爭 ←	細川勝元

▶ 戰亂前期和後期的對立構圖改變，增加了許多有力人士。

　　因為應仁之亂規模之大且長期持續，讓**中央的支配力完全衰退，從而使各地產生戰國大名**，這點已經詳述過了。

　　招致大亂的背後，是因將軍之力衰退而讓有力守護大名掌握幕府實權所致。

Go back

那麼，為什麼室町幕府將軍的力量會弱化？

03 為什麼足利將軍的力量會變弱？

因為以第6代將軍被殺為開端，之後歷代將軍都是年少即位的幼君。

用抽籤決定下一任將軍

故事要回到應仁之亂時任將軍的足利義政之四代前。

第4代將軍足利義持在1423年把將軍之位讓給兒子義量，但是體弱多病又酗酒的第5代將軍義量在兩年後就以19歲之齡突然死去。

前任將軍義持已經出家了，由於沒有將軍，只好以出家身分回歸政務。但是他也因為獨生子先去世而借酒澆愁，加上守護大名層出不窮的謀反也讓他心力交瘁，在三年後就以43歲之齡死去。

接近臨終之際，幕府重臣問義持要讓誰成為將軍繼承人，義持以「就算我留下遺言但你們不照我意見去做的話，那問也沒意義」而拒絕回答。

最後，家臣讓義持同意在身後從諸位弟弟中抽籤決定新任將軍。

就這樣義持死後馬上進行抽籤，四個弟弟（義圓、義昭、永隆、義承）裡，由青蓮院的義圓當選。義圓改名義教，次年1429年就任為第6代將軍。

因為將軍暗殺而讓幕府權威失墜

這個義教很不簡單，雖然從僧侶之身成為將軍，但完全不畏神佛而實施獨裁政治，讓周圍的人為之恐懼。

但是獨裁未能持續。某日，播磨國的守護大名赤松滿祐因為忍受不

了將軍的恐怖政治，決心將其殺害。

據說滿祐被義教所疏遠，所以堅信「我的領地一定會被沒收，然後交給義教寵愛的（同為赤松一族）赤松貞村。」1442年6月，滿祐巧妙地邀請義教到自家宅邸，召開盛大的酒宴，在途中派進許多刺客，把其他守護大名和義教一起殺了。

就像伏見宮貞成親王在日記裡寫下的，「將軍如此般犬死，古來未聞其例也」（《看聞御記》），這真的是前所未聞的事情。

據說滿祐在事後輕鬆地離開房子，抱著刺在劍上的義教首級，逃回播磨國。室町幕府一時為之啞然，但還是為了打倒滿祐而派遣大軍。此時軍事上的空白，導致京都周邊發生嘉吉土（德政）一揆。

庶民層的土一揆也撼動了幕府

土一揆就是以惣村為基礎、以畿內為中心發生的農民（土民）反抗活動。他們越過莊園和公領（鄉）的單位，直接向幕府提出打消借帳（德政）等要求而襲擊高利貸（酒屋、土倉、寺院）等。

惣村是指鎌倉時代後期，以畿內為中心在莊園和公領的農民成立之自立、自治村落。

惣村是由被稱為長、乙名、沙汰人等的富農和地侍層擔任領導者；惣百姓（村人）集合召開寄合（村民會議）來決定事務。通過祭典和共同作業、戰亂時的自衛，惣村的人們堅強地團結在一起。惣百姓為了維持村內秩序，會訂下惣掟（村法、村掟）這種村落規定，違反者遭放逐，由村人自己來行使警察權（地下〔直〕檢斷）。

惣村還擁有入會地（山地或原野等的共同利用地），負責管理灌溉用水，因此也有藉故向村人收稅（村稅）的事例。向領主繳納的年貢等，也很多都稱為地下請（村請、百姓請）而由惣村負責。

對於歉收或莊官、地頭的非法行為，惣百姓會向領主要求減免年貢或停止非法行為而結成一揆（盟約），若要求不被接受時則大舉強逼到

領主處（強訴），或是逃進其他領地及山野（逃散），如同前面提到的，有時還會武裝起義（土一揆）。

結成一揆時惣百姓會寫好向神明起誓的起請文，有時會燒掉起請文在神前喝下摻了灰的水並立誓團結，這稱為一味神水。

日本第一次發生大規模土一揆，是1428年的正長土一揆。以近江國坂本的馬借（交通業者）起義為開端，從近江國擴散到畿內的大河國和河內國，隨後擴散到播磨國，庶民要求德政（打消負債）而撕毀借據，搶奪抵押品等。

不論如何，嘉吉的德政一揆是當時發生的土一揆中規模最大的，數萬人起義，其勢力互相連結，完全封鎖了京都的出入口。讓幕府只好發出德政令並承認債務歸零。**這種庶民層的興起也和幕府弱體化大有關係。**

持續兩代的幼少將軍

將軍遭暗殺後，管領細川持之決定擁立只有10歲的義教之子義勝為第7代將軍（翌年就任）。同時也計畫在暗殺隔月討伐赤松滿祐的幕府征討軍。

另一方面，滿祐奉足利直冬的子孫義尊迎擊幕府軍，但幕府方面的細川持常、赤松貞村、山名持豐及河野通直等諸將陸續打下赤松軍的城塞，9月他被追擊到城山城自殺身亡。

成為將軍的義勝不到一年就病死（另一個說法是落馬事故死亡），義勝的弟弟義政取而代之成為第8代將軍，當時只有8歲。

因為第6代將軍遭到暗殺而讓幼君持續了兩代，要求年幼的將軍有統治能力是件不可能的事，故而造成幕府內將軍權力衰退，有力守護大名和管領（將軍的輔佐職）漸漸掌握實權。

正如前述，成人後義政也對政治不感興趣，把政治交給有力守護大名和側近、妻子日野富子等人，自己則熱衷於藝術。當大家為了下一

任將軍寶座而發生應仁之亂時，他卻連要平息亂事的意願都沒有。

像這樣回顧就知道，**第6代將軍的強權政治引發了暗殺事件，幕府被迫連續兩代擁立幼君，導致足利將軍在幕府內的政治力衰退。**

室町幕府的歷代將軍（前半）

				享年
草創期	初代	足利尊氏 （在位時間1338～58）	開啟室町幕府。	54
	二代	足利義詮 （在位時間1358～67）	與南朝展開死鬥，並盡心確立幕府的權力。	38
全盛期	三代	足利義滿 （在位時間1368～94）	南北朝統一，開啟日明貿易。出現北山文化。	51
	四代	足利義持 （在位時間1394～1423）	終止日明貿易。	43
	五代	足利義量 （在位時間1423～25）	因嗜酒早逝。	19
混亂期	六代	足利義教 （在位時間1429～41）	被抽籤選中。遭赤松滿祐暗殺。	48
	七代	足利義勝 （在位時間1442～43）	早逝。	10
	八代	足利義政 （在位時間1443～73）	發生應仁之亂。出現東山文化。	56

▶ 室町幕府的權力在第3代將軍足利義滿時達到巔峰期，爾後漸漸衰退。

Go
back

為什麼第6代將軍義教要進行獨裁政治（到會被暗殺程度）？

04 為什麼將軍足利義教要進行獨裁政治？

> 以安定室町幕府的父親足利義滿為模範。

消滅反抗將軍的勢力

作為獨裁者君臨天下的「抽籤將軍」足利義教，因為受到反感而被暗殺。結果造成將軍權威失墜這點已經在前文說明了。

那我們來看看為什麼第6代將軍義教會走向獨裁吧。

足利義教為第3代將軍義滿的五男，幼時出家為僧，過著和政治無緣的生活。所以當初還俗就任將軍職時，把政務全權交給管領和重臣，然而最終還是慢慢地走向獨裁政治。

義教陸續處罰了不喜歡的守護大名和貴族，據說人數多達70人。在1435年派遣軍隊包圍持反抗態度的比叡山延曆寺，燒毀了門前町坂本地區。其後更**將延曆寺僧侶騙來京都砍下他們的首級**。事態發展到此，二十多名憤怒的延曆寺僧侶在根本中堂放火，為了抗議而自焚自殺。雖然義教為僧侶出身，卻採取了完全不懼佛罰的行動。

三年之後，他又將鎌倉府逼到滅亡。

鎌倉府是室町幕府為了支配關東而在鎌倉設立的派遣機關，但漸漸地獨立色彩愈加濃重，轉而開始對抗幕府。鎌倉府的長官稱為鎌倉公方，當時由足利持氏擔任。持氏在將軍義持死後，希望自己成為將軍，但是被幕閣拒絕。於是他開始計畫對管轄外的信濃國出兵，自己的兒子從新將軍義教的名字裡賜字取名等，對幕府展現了反抗態度。

因此將軍義教對關東派遣了大軍。

持氏向幕府軍投降，關東管領（鎌倉公方的輔佐職）上杉憲實也向將軍義教提出赦免持氏的請求，但義教並不允許，反而命令殺害持氏。因此上杉憲實包圍了持氏的軟禁地永安寺逼其自殺。

在將軍義教的強烈意志下，鎌倉府被消滅了。

對於推動這種恐怖政治的獨裁者足利義教，播磨國的守護大名赤松滿祐決心要進行暗殺，這點已經在前文提到。

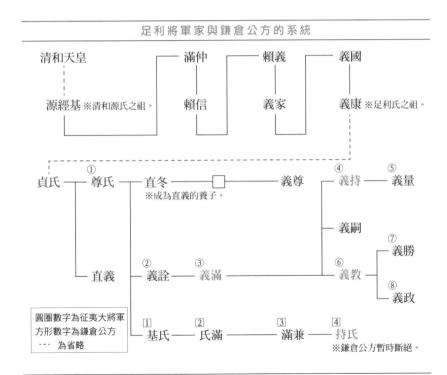

足利將軍家與鎌倉公方的系統

▶統治關東的鎌倉公方，和將軍家一樣同為足利一門。

不過**義教的獨裁政治，可以看成是參考了父親義滿的手法**。第3代將軍**足利義滿**以相當強勢的手法實行政治以安定幕政。義教似乎是把父親的這種手法看做成功案例而加以模仿。

義滿先是把將軍職位讓給長男，引退後仍然繼續掌握權力。不知是否出於反抗心理，義滿一死第4代將軍義持就開始實行和父親完全相反的政治。

比方說，朝廷想贈予死去的義滿太上天皇（上皇）的稱號，但義持拒絕。義滿進行的日明貿易也以「將軍以臣下之禮進行的形式是種屈辱」為由而中止了。

晚年義滿居住的北山第，只留下金閣等幾間建築物，其餘全部拆毀；捨棄義滿為了政務而建的館舍（通稱「花之御所」），亦即在三條坊門建造的將軍御所，義滿在這裡實施了採取守護大名意見的合議政治。

不過義持的反動政治，也隨他身死而告終。之後**抽籤被選中的義教，以提升將軍權威為目標**，進行模仿父親義滿的獨裁已詳述過了。始於義滿而被義持中斷的日明貿易，則在義教時代復活。

無論如何，回顧這些事件便可充分理解，義持和義教的父親足利義滿這個人物帶給後世的巨大影響。

Go back

那麼義滿是個怎麼樣的人物？他又為什麼要實行強勢的獨裁政治？

05 為什麼將軍足利義滿會展開獨裁政治？

因為想要達成南北朝合一，讓幕府安定。

就任武家與公家的最高位

第6代將軍足利義教的獨裁政治是以其父第3代將軍足利義滿的政治手法為模範，這點已經在前面提過。

那麼，義滿的政治又是什麼樣子？這裡我們來好好詳述。

1358年出生，第2代將軍足利義詮之子的義滿，由於父親逝世，只好在11歲時就任族長。幕政由管領細川賴之執行，但1379年開始擁有權力的義滿讓賴之失勢，轉而在京都室町又被稱為「花之御所」的壯麗自家宅邸裡運行政治。1381年迎接後圓融天皇到「花之御所」，同年就任朝廷的內大臣，已然超越祖父尊氏和父親義詮的地位。

義滿是第一個在京都出生長大的將軍，因為少年時代被前關白二條良基灌輸了貴族教養，所以對朝廷文化有所憧憬，當時也把花押改為公家風格，開始模仿攝關家的儀式做法。

約六十年前朝廷南北分裂，幕府奉北朝而與南朝戰鬥至當時，但**義滿說服了弱體化的南朝後龜山天皇，讓他答應南北朝合一**。就這樣在1392年閏10月，回到京都的南朝後龜山天皇將神器讓給**北朝後小松天皇**，朝廷以這樣的形式久違地統一了。

創立室町幕府的初代將軍足利尊氏和第2代義詮，為了在長年持續的南北朝動亂獲勝，強化了守護大名（統治各國的幕府官員）的力量。不過在**南北朝合一之後，強大化的守護大名反而成為將軍家的威脅**。此

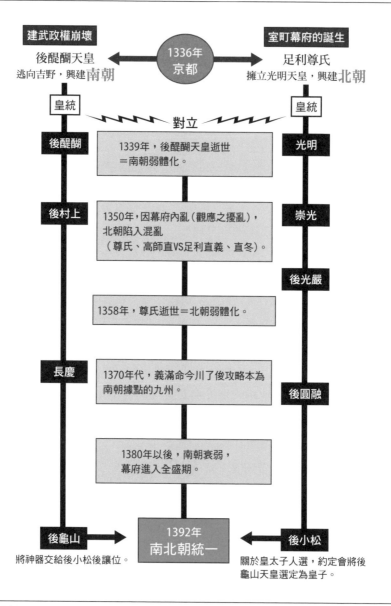

建武政權崩壞

後醍醐天皇
逃向吉野，興建**南朝**

1336年
京都

室町幕府的誕生

足利尊氏
擁立光明天皇，興建**北朝**

皇統

對立

皇統

| 後醍醐 | 1339年，後醍醐天皇逝世＝南朝弱體化。 | 光明 |

| 後村上 | 1350年，因幕府內亂（觀應之擾亂），北朝陷入混亂（尊氏、高師直VS足利直義、直冬）。 | 崇光 |

後光嚴

1358年，尊氏逝世＝北朝弱體化。

| 長慶 | 1370年代，義滿命今川了俊攻略本為南朝據點的九州。 | 後圓融 |

1380年以後，南朝衰弱，幕府進入全盛期。

後龜山

1392年
南北朝統一

後小松

將神器交給後小松後讓位。

關於皇太子人選，約定會將後龜山天皇選定為皇子。

▶ 雖然因義滿的提案而交出神器，但北朝和幕府未遵守承諾，南朝就此滅亡。

時義滿著手削減守護勢力，消滅了土岐康行、山名氏清和大內義弘等人，成功壓制足利一門以外的有力守護。

自己作為日本國王展開邦交

1394年，義滿把將軍職讓給長男義持，就任朝廷的太政大臣。義滿是第一個當過將軍而就任太政大臣的人，翌年雖辭掉太政大臣出家，但其後仍然繼續掌握權力，一邊奉義持為第4代將軍，一邊主導幕政。

這簡直就像院政（天皇退位後成為上皇或法皇，但仍掌握權力的政治）的幕府版，但義滿應該也是刻意這麼做的。會這麼說是因為1397年義滿建於京都北山的宅邸，就是模仿上皇的仙洞御所。

義滿接著和大明展開邦交，建立大明的朱元璋（洪武帝）對倭寇的殘暴很傷腦筋，因此向室町幕府要求取締倭寇和建交。

義滿在1401年以側近祖阿為正使，向明派遣使者展開邦交；1404年開始日明貿易。貿易是採取幕府帶貢物（輸出品）到明國，明再賜予土產物（輸入品）作為回禮的朝貢形式。不過因為大明會高價買下貢物，而交通與滯留費用也由明朝方面負擔，所以幕府的利益相當巨大。

義滿對大明自稱日本國王，更在1408年招待後小松天皇到北山第時，穿上天皇專用的衣裝，讓自己寵愛的四男義嗣坐在關白的上座。之後義嗣的元服儀式也仿親王（天皇之子）的儀式在宮中執行，同時讓他成為後小松天皇的養子。本來義滿就有天皇家的血統，生母紀良子是順德天皇的子孫。

義滿似乎想要把四男義嗣立為天皇，讓自己的身分置於兩個擔任天皇和將軍的兒子之上，建立公武統一政權。但諷刺的是，在義嗣元服儀式僅僅兩個月後，義滿就因為生病而突然去世。

終於擺脫父親的第4代將軍義持，因為對父親的反抗心而開始了徹底的反動政治，這點已經在前文詳述。而義持也擒住了呼應關東上杉禪秀之亂的弟弟義嗣，將之軟禁在相國寺的林光院，最後燒死他。

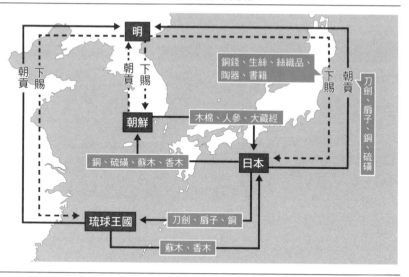

▶ 除了日明貿易，也與李氏朝鮮和琉球王國進行貿易。

　　不論如何，第3代將軍義滿在統一長年分裂的南北朝後，強勢削弱了守護大名過於強大的力量，更企圖吸收朝廷的權限為己用。義滿以這種強權政治，讓將軍的地位提升到絕對性之存在，以防南北朝時代的混亂局面重蹈覆徹。

Go back

那為什麼從室町幕府成立至此，一直都是動亂的時代？

06 為什麼室町幕府成立之後，有長達六十年的動亂？

因為後醍醐天皇建立南朝，開始對抗室町幕府（北朝）。

後醍醐天皇的建武政權，讓武士不滿

事情要回到室町時代之前的鎌倉時代末期說起。

後醍醐天皇在1331年發起打倒鎌倉幕府的戰爭，戰敗後隔年廢位被流放到隱岐島（元弘之變）。不過因為足利尊氏和新田義貞活躍，鎌倉幕府在1333年滅亡，天皇得以回到京都開始親政。

後醍醐豪語稱「我所開始的事就是未來的先例」，他廢掉鎌倉幕府擁立的光嚴天皇，把年號從「政慶」改回自己在位時的「元弘」；取消元弘之變前的任官，廢除攝政及關白，大規模改變太政官制，強化天皇獨裁體制。隔年，後醍醐把年號改為「建武」，新政權又稱為建武政府。

後醍醐發出了「土地的所有權要由我重新許可，再給予綸旨（天皇文書）」的個別安堵法。武士為了要確定土地所有權而群湧到京都，只靠後醍醐的聖斷根本不可能應付。所以安堵就換成了交給各國國司處理的「諸國平均安堵法」。就像這樣，**後醍醐提出新命令，一失敗就馬上修改。所以政治大為混亂。**

後醍醐又認為公家沒有政治能力，因此模仿鎌倉幕府設定政府職制，大量起用舊御家人導致公家心生不滿。武士也認為比起倒幕恩賞優渥的公家，自己所得微薄而對政治心生不滿。

看到這種高漲的不滿，北條時行（過去支配鎌倉幕府的得宗高時的遺子）舉兵攻入了鎌倉（中先代之亂）。

足利尊氏開設室町幕府

被建武政府派任統治關東的足利直義（尊氏之弟）此時在鎌倉，敗給時行軍後逃到三河國，向在京都的哥哥尊氏請求救援。尊氏向後醍醐請求「請任我為征夷大將軍，讓我前往關東」，不過後醍醐不允許，據說他害怕放任尊氏後他會背叛自己而兵刃相向。

尊氏沒有得到天皇許可但仍前往關東，消滅時行軍後，接受直義進言沒有返回京都，而是在關東培養自己的勢力。

因此後醍醐命新田義貞討伐尊氏，不過新田軍在箱根竹之下被足利軍擊破。尊氏追擊敗走的新田軍，最後制壓京都。

後醍醐一行人到比叡山避難，支配陸奧國的北畠顯家率領東北軍隨後趕到，幫助後醍醐打敗了足利軍。

敗北的尊氏先逃到九州保存實力，最後把20萬大軍分海陸兩路開始西上。海路主將是尊氏，陸路主將是直義。面對足利軍來襲，新田義貞軍和楠木正成軍雖然迎擊卻慘敗，足利軍再次制壓京都。

再次躲進比叡山的後醍醐天皇被迫向尊氏投降，讓位給其他皇統的豐仁親王。豐仁即位成為光明天皇。

尊氏在1336年訂定建武式目十七條，以中原章賢等8人回答尊氏諮問的形式作為室町幕府的開設宣言和施政方針。

兄弟相爭讓動亂延長

建武式目裡尊氏承諾為了維持治安的當下需要，政權會設在京都。然而政權並非基於所在地，是靠「政治的優劣」，以執權政治和延喜、天曆之治為理想，進行公平的政治。

武士政權就此啟動的同年12月21日，後醍醐天皇從京都消失蹤影，在楠木一族伴隨下逃出京都。

最後後醍醐把根據地定於大和國的吉野，坦白「交給光明天皇的三

建武政府與室町幕府的政治組織

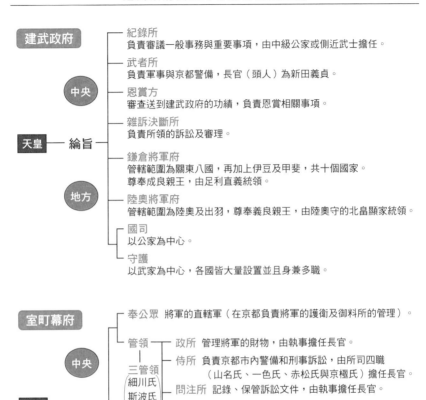

建武政府

天皇 ── 綸旨

中央
- 紀錄所
  負責審議一般事務與重要事項，由中級公家或側近武士擔任。
- 武者所
  負責軍事與京都警備，長官（頭人）為新田義貞。
- 恩賞方
  審查送到建武政府的功績，負責恩賞相關事項。
- 雜訴決斷所
  負責所領的訴訟及審理。

地方
- 鎌倉將軍府
  管轄範圍為關東八國，再加上伊豆及甲斐，共十個國家。
  尊奉成良親王，由足利直義統領。
- 陸奧將軍府
  管轄範圍為陸奧及出羽，尊奉義良親王，由陸奧守的北畠顯家統領。
- 國司
  以公家為中心。
- 守護
  以武家為中心，各國皆大量設置並且身兼多職。

室町幕府

將軍

中央
- 奉公眾 將軍的直轄軍（在京都負責將軍的護衛及御料所的管理）。
- 管領 ── 政所 管理將軍的財物，由執事擔任長官。
  三管領
  （細川氏
  斯波氏
  畠山氏）
  - 侍所 負責京都市內警備和刑事訴訟，由所司四職（山名氏、一色氏、赤松氏與京極氏）擔任長官。
  - 問注所 記錄、保管訴訟文件，由執事擔任長官。
  - 評定眾 ── 引付眾 領土相關的訴訟及審判。

地方
- 鎌倉府 統治十國（關東八國加上伊豆、甲斐）。
- 鎌倉公方 ──────── 關東所領
  由足利尊氏的子孫世襲。 負責輔佐鎌倉公方，由上杉氏世襲。
  - 政所
  - 侍所
  - 問注所
  - 評定眾、引付眾
- 奧州探題 統治陸奧
- 羽州探題 統治出羽
- 九州探題 統治九州
- 守護、地頭 統治諸國

▶ 與室町幕府不同，建武政府由天皇一族和公家掌握政治主導權。

種神器是假貨，正品還在自己手上」，主張作為天皇的正統性，並宣言開設朝廷。

以地理位置區分，**後醍醐的朝廷稱為南朝，尊氏的京都朝廷稱為北朝**。這產生了朝廷分立為南北的異常事態。

後醍醐三年後逝世，因此南朝急速衰退；1350年尊氏和直義開始內亂（觀應之擾亂），為了讓戰局有利而互相利用南朝。

單獨繼承制（土地和財產所有都只由一人繼承的制度）於此時期開始發展，**兄弟間的族長之爭隨之激化，互相以南朝或北朝為後盾相爭的事例激增**。

結果反而使南朝力量復活，一直到1392年為止，南北朝的動亂都不曾停歇。

後醍醐天皇就是這麼一個非常有野心的政治家，從被迫為之完全臣服的足利尊氏處逃脫，再次強調自己的正統性，揭開南北政權分立的時代。**一旦分開的東西要再重合就很困難，到足利義滿時代南北朝統一為止，長達六十年間，南北朝不斷被武士的內紛所利用而存在**。

Go back

那為什麼後醍醐天皇能夠打倒持續一百五十年的鎌倉幕府，在京都建立朝廷的新政治（建武政府）？

07 為什麼後醍醐天皇可以建立建武政府？

因為元寇來襲之後御家人漸漸貧窮化，開始不滿鎌倉幕府。

因為幕府的仲介開啟兩統迭立

鎌倉時代後期，皇室分裂成持明院統和大覺寺統爭奪皇位。到底為什麼會這樣？我們來說明一下原因吧。造成天皇家分裂的主因，就是後嵯峨上皇。

承久之亂以後，在幕府優勢的情形下幕府和朝廷的關係很安定。因幕府支援而即位的後嵯峨上皇，進行了模仿幕府制度設立評定眾等的改革。

不過，後嵯峨讓兒子後深草讓位給其弟龜山成為天皇，後深草明明有皇子熙仁，但他又讓龜山天皇的皇子世仁成為皇太子。後深草和龜山同樣皆由皇后藤原（西園寺）姞子所生，但不知為何後嵯峨就是偏愛龜山。

1272 年，實行院政近三十年的後嵯峨上皇死亡，死前卻沒有決定誰是「治天之君」，反而把決定權交給鎌倉幕府，這導致了皇統分裂。

所謂治天之君，就是指天皇家的惣領（族長、領袖），可以說是實質上的朝廷權力者。如果後嵯峨可以誠實面對自己，指名龜山為治天之君的話，同家系就會一直擔任天皇家的惣領。不過後嵯峨沒有這樣做，是為了要顧慮幕府。

後嵯峨因曾不顧貴族反對，在鎌倉幕府的支持下登上皇位的過去，所以此刻才會刻意不表明自己的意志。

後嵯峨死後，幕府向藤原姞子詢問後嵯峨生前打算讓誰當上治天之君。對此姞子告知他寵愛龜山的事實，因此龜山天皇把皇位讓給兒子世仁（後宇多天皇）而開始院政。

另一方面，對此失望厭世的後深草捨棄上皇地位打算出家，聽到此傳言的執權北條時宗則令天皇將後深草天皇的皇太子立為熙仁親王。

就這樣後深草一系也得以繼續擔任治天之君，以後接近半世紀的時間兩統因為天皇家的惣領權和皇室領地而在水面下展開激烈的勢力爭奪。

最後受不了皇室醜陋鬥爭的幕府，在1317年提案今後由持明院統和大覺寺統每十年輪替就任皇位的兩統迭立，兩統接受。

持明院統的花園天皇讓位後，隔年大覺寺統的尊治親王登上皇位，亦即後醍醐天皇。

後醍醐被視為是只限一代的天皇，但他以剛毅的性格停止了後宇多上皇的院政而開始親政。他受到宋學（朱子學）的大義名分論影響，

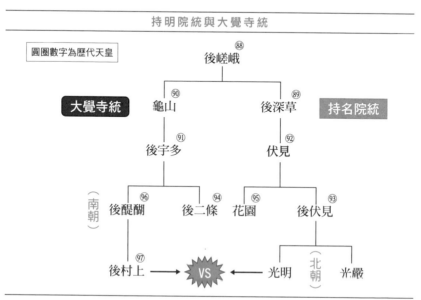

持明院統與大覺寺統

圓圈數字為歷代天皇

⑧⑧ 後嵯峨

大覺寺統　⑨⓪ 龜山　⑧⑨ 後深草　持名院統

⑨① 後宇多　⑨② 伏見

（南朝）　⑨⑥ 後醍醐　⑨④ 後二條　⑨⑤ 花園　⑨③ 後伏見

⑨⑦ 後村上　→ VS ←　光明　光嚴　（北朝）

▶ 歷經三世紀的兩統迭立導致了南北朝紛爭。

「在我國由天皇執政才是本來該有的樣子」這個信念下，企圖從幕府奪回政權。

他之所以提出這樣的思考，與貧窮化的御家人日漸不滿掌握幕府實權的北條氏，其忠誠心變得薄弱有極大關聯。

元寇的恩賞讓人充滿不安

那麼，為什麼御家人會窮到無法維持忠誠心？理由大概有三個，第一個就是元寇（蒙古來襲）。

元（蒙古帝國）忽必烈在1268年向日本派遣使者要求建交，但是幕府的執權（輔佐將軍執政的職位）北條時宗無視。1274年忽必烈派軍隊3萬人從博多上陸，幕府軍苦戰，敵人最後撤退。

之後忽必烈要求日本服從，時宗則殺掉使者表達全面拒絕。因此忽必烈在1281年再度送來14萬大軍，但幕府軍非常善戰，加上颱風侵襲戰地而導致元軍全滅。

兩次元寇都讓御家人賭命而戰，許多人負傷或戰死，但偏偏這是**與外國的戰爭，所以無法恩賞給予什麼土地，御家人承受了經濟上的打擊**。

讓御家人貧窮化的第二個原因，可說是當時的繼承方法。武士的繼承方法是長男繼承主要財產，由兄弟姊妹分配剩餘財產的分割繼承。倘若重複這個方法，必然會細分化所領土地，經濟上也會變得困難。

還有一點，被捲入貨幣經濟也是御家人貧窮化的理由。

鎌倉時代中期，貨幣開始在全國流通，高利貸的「借上」也隨之登場。從借上借錢，最後還不出錢而放棄土地的御家人也隨之增加。

這個情形讓幕府在1297年發布了僅限御家人可以拿回賣掉或流當而失去之土地的法律，名為永仁德政令。這暫時解救了御家人，但失去所領土地的人沒有減少，御家人的貧窮化最後還是沒有停止。

再加上當時得宗（實質支配鎌倉幕府的北條氏宗家之主）實行獨裁政治，守護（各國配置一人統治該國的官員）之位大多由北條一族獨占，導致御家

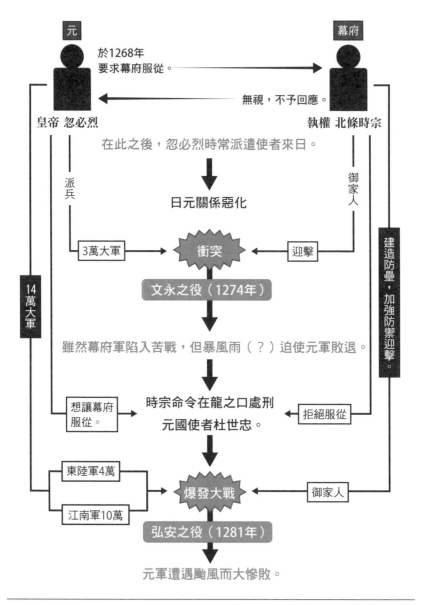

▶ 無視忽必烈的再三要求，就算元派來大軍，幕府也將之二度擊退。

人對鎌倉幕府的忠誠心變弱，對掌握幕府實權的北條氏感到不滿。

正因為這種狀況，**後醍醐天皇才判斷可以打倒持續一百多年的幕府政權。**

足利一門消滅鎌倉幕府

1324年，後醍醐訂立了倒幕計畫，雖然事前計畫敗露（正中之變），但他並未學乖，於1331年再次訂立倒幕計畫，被發現後他在笠置山舉兵。

六波羅探題（設於京都鎌倉幕府的派遣機關）派遣多達數萬的西國御家人進攻，但因為當地是險峻的岩山地形所以一直打不下來，只好向幕府根據地鎌倉要求援軍。幕府以大佛貞直、金澤貞冬、足利高氏（後來改名為尊氏）等北條一族為總大將派遣大軍到笠置山。讓人吃驚的是，總數據說多達二十萬八千騎。

御家人一心期待恩賞，在雨夜裡爭先恐後爬上山崖到山頂的笠置寺放火。後醍醐只能下山逃亡，但不久就被捕獲，被流放到隱岐（元弘之變）。

之後因為天皇方的楠木正成與後醍醐皇子護良親王頑強抵抗而改變時勢，加上幕府重臣足利高氏背叛，消滅了六波羅探題。

大約在同時期新田義貞舉兵朝鎌倉進軍，許多御家人也隨之呼應，增加到數十萬人的大軍衝入鎌倉。掌握幕府實權的北條一族自殺，鎌倉幕府就此滅亡。這是1333年5月的事。

後醍醐天皇之後回到京都，親自實行政務，成立建武政府。

在御家人的經濟困頓和對北條氏反感的背景下，鎌倉幕府被後醍醐天皇消滅。

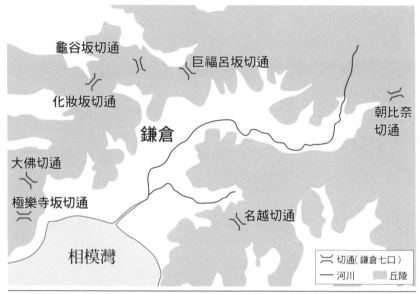

▶鎌倉是三方被丘陵地包圍的要害之地，因此新田軍是沿著海岸攻進的。

Go
back 北條氏強大到讓御家人反感。不過究竟為什麼北條氏會掌握鎌倉幕府的實權？

08 為什麼北條氏可以掌握鎌倉幕府的實權？

從嫁給源賴朝為妻的北條政子開始，就持續實行執權政治。

起源是北條政子嫁給源賴朝

北條氏可以擔任執權（兼任侍所與政所長官的地位）而掌握幕府實權，是因為北條政子成為源賴朝的正妻並生下兩個兒子。政子的父親時政和弟弟義時因此得以將軍外戚的身分發揮實力。當時是平安時代末期，因為平治之亂敗給平清盛的源賴朝，13歲時被流放到伊豆國的蛭小島。在當地過了快二十年，政子和賴朝發展成男女間的關係。

彼時北條時政服侍於平氏，知道此事後拆散政子和賴朝，要把她嫁給平氏的目代（官員）。但是政子逃離當地，躲進二十多公里外賴朝在那裡等著的伊豆山神社。時政只好允許兩人結婚。

三年後，賴朝欲舉兵打倒平氏，此時北條氏則全面協助賴朝。

在源平爭鬥的激戰期1182年，政子生下長男賴家，不久次男實朝也誕生了。

1185年消滅平氏的賴朝啟動武家政權，1189年打倒東北的奧州藤原氏；1192年被朝廷任命為征夷大將軍，名副其實地創立了鎌倉幕府，但是在七年後落馬而亡，享年53歲。

18歲的賴家成為第2代將軍，他重用側近開啟了獨善政治，因而失去了有力御家人的支持。見此祖父時政軟禁了賴家，把賴家的弟弟實朝立為第3代將軍，作為執權掌握幕府實權。

之後時政又想廢掉實朝，計畫把後妻牧之方的女婿平賀朝雅立為將

軍。知道此事的政子和弟弟義時讓時政失勢而掌握了實權。

1219年實朝被姪子公曉殺害，源氏將軍就此斷絕。攝關家出身，年幼的賴經從京都被迎來當上將軍（攝家將軍），**義時作為第2代執權開始掌握幕政。**

後鳥羽上皇大敗的承久之亂

將這個狀況視為幕府弱體化的後鳥羽上皇，在1221年發出了追討義時的敕令（承久之亂）。當時北條政子集合了動搖的御家人，強調已逝賴朝的厚恩而團結其意志。最終**幕府軍大勝後鳥羽軍。**

不過三年後，北條義時突然死亡。

承久之亂的對立構圖

> 圓圈數字為征夷大將軍
> 方形數字為執權
> ＝為婚姻關係

▶承久之亂的結果讓三個上皇被流放，仲恭天皇被迫退位。

解救外甥泰時的尼將軍

義時的長男泰時，當時在京都的六波羅探題（幕府的重要派遣機關）統領西國的御家人，知道父親死訊後馬上回到關東。但不知為何不進鎌倉而留在伊豆。

這是因為伊賀氏（北條義時的繼室，泰時同父異母之弟北條政村的生母）和其兄伊賀光宗共謀，企圖讓政村當上執權。光宗也拉攏擁有僅次於北條氏實力的三浦義村成為夥伴。

讓這個狀況得以解決的，是被稱為尼將軍的北條政子。

政子親自到義村的居館，拜託他說「我聽說有人要向下一任執權泰時謀反，希望你能守護泰時。」她已經知道義村和伊賀氏勾結後的行動，因此決定先發制人。

義村的行動被封住，進入鎌倉的泰時順利就任第3代執權。

第5代執權時賴之後，權力集中於北條氏

父親義時打倒了侍所別當和田義盛等人強化了獨裁，但泰時從根本改變了這種政治手法。他把統領六波羅探題的叔父時房叫回鎌倉任為連署（輔佐職），任命11個有力御家人為評定眾，重要事項由執權、連署及評定眾開會決定。

評定眾裡，也有曾企圖排除泰時的伊賀光宗和三浦義村的位置，這可以說是讓人吃驚的肚量。1230年發生饑荒時，泰時為了拯救農民而把稻米釋出給自己領地裡的富人讓其出借，宣言若農民還不出來時他會代還。據說泰時自己也不買新衣服和榻榻米，不吃中飯並減少酒宴。泰時就是這麼一個誠實的執政者，被稱為「難得的賢人，萬人之父母的人品」（《沙石集》）。這種合議政治稱為執權政治。泰時在1232年發布了御家人的成文法御成敗式目（貞永式目）。

就這樣，從把年幼的源實朝推為第3代將軍開始，外戚北條氏的執

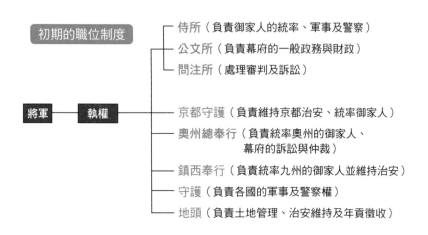

初期的職位制度

將軍 ── 執權

- 侍所（負責御家人的統率、軍事及警察）
- 公文所（負責幕府的一般政務與財政）
- 問注所（處理審判及訴訟）

- 京都守護（負責維持京都治安、統率御家人）
- 奧州總奉行（負責統率奧州的御家人、幕府的訴訟與仲裁）
- 鎮西奉行（負責統率九州的御家人並維持治安）
- 守護（負責各國的軍事及警察權）
- 地頭（負責土地管理、治安維持及年貢徵收）

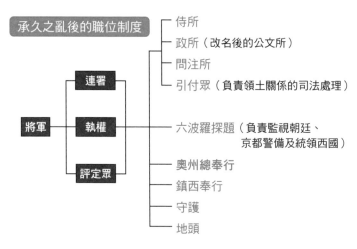

承久之亂後的職位制度

將軍 ── 連署 / 執權 / 評定眾

- 侍所
- 政所（改名後的公文所）
- 問注所
- 引付眾（負責領土關係的司法處理）

- 六波羅探題（負責監視朝廷、京都警備及統領西國）
- 奧州總奉行
- 鎮西奉行
- 守護
- 地頭

元寇襲來後的職位制度

得宗家（北條氏嫡流）的專制政治

▶ 有力御家人減少導致合議制崩潰，得宗家獨掌幕府。

權政治誕生了。**初代及２代執權的獨裁色彩還很強，但第３代執權泰時建立了合議制的執權政治。幕政在這個時期被認為是最安定的。**

第５代執權時賴消滅了強大的三浦氏，把宗尊親王推為將軍（皇族將軍）後，北條氏的力量更加強勢。此時開始，北條一族裡特別是被稱為得宗的義時直系擁有更強的力量。

時代演進，第９代執權得宗北條貞時消滅了有力御家人安達泰盛（霜月騷動），重要政策由御內人（得宗的家臣）集會決定，多數守護職都由北條一族獨占。

也就是說，御家人參加政治的權利被限制，守護等重要職位也被北條一族獨占。因為這樣而在元寇之後貧窮化的御家人，開始不滿北條氏。

再加上貞時之子得宗北條高時，把政務全權交給內管領（御內人的領袖）長崎高資，自己沉迷於犬合（鬥犬）和田樂。

高資運行的政治卻亂七八糟，在這種狀況下御家人對幕府失去向心力，進而導致幕府瓦解。

像這樣往回看，可以知道**北條氏的抬頭是從北條政子以自己堅強的意志嫁給源賴朝，後者又掌握了權力而開始的，**和政子結婚當時的賴朝正如前述，是個被流放的罪人。

北條氏的家系圖

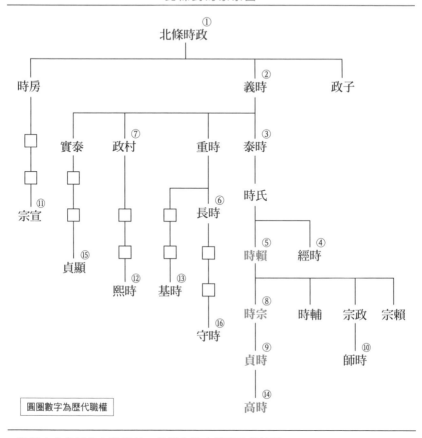

▶ 執權由北條氏的血親擔任，但權力集中於泰時的嫡流。

為什麼身為被流放罪人的源賴朝，可以創立鎌倉幕府？明明之前掌握權力的都是貴族啊！

09 為什麼被流放的罪人源賴朝，可以樹立鎌倉幕府？

> 因為他得到關東武士的支持，消滅了支配朝廷的平氏。

武家名門的繼承人源賴朝

平安時代末期，源賴朝的父親義朝在與平清盛的戰爭中落敗（平治之亂），逃往東國途中被部下殺害；賴朝則和父親一行人走散而被捕，被流放到伊豆國的蛭小島一事已在前文解說過了。

源賴朝可以建立鎌倉幕府，是因為消滅了平清盛的平氏政權。清盛對賴朝而言，是讓父親沒落、把自己流放到伊豆國的可憎之敵。

那麼為什麼平氏政權會滅亡？這是因為不只賴朝，其他的源氏、大寺院以及許多貴族、皇族，都對平氏政權抱有反感。關於這些我們會在別的章節裡仔細說明，首先來具體解說平氏滅亡的過程吧。

平治之亂約二十年後，平清盛讓平氏一族獨占朝廷高位高官、軟禁後白河法皇，在朝廷建立平氏政權。對此不滿的以仁王（後白河法皇的皇子），在1180年發出打倒平氏的令旨（命令）而舉兵。

賴朝隨之呼應，夜襲伊豆國目代山木兼隆並砍下其首級。準備和三浦半島的三浦氏合流時，被大庭景親等人組織的三千人武藏國、相模國武士和伊東祐親等人率領的三百騎夾擊而大敗。賴朝只能從真鶴登陸房總半島，卻得到千葉介常胤和上總介廣常的協力，轉變成擁有數萬人的勢力。

看到這樣的關東武士，陸續投靠到賴朝手下。

受關東武士強力信賴的賴朝

本來關東武士就不依靠上方（京都等地）經濟資源，因想從朝廷獨立故而時常反抗，例如平將門之亂或平忠常之亂等。

被關東武士推舉的賴朝，開始以鎌倉為據點打造和朝廷不同的政治勢力。鎌倉是三方被山包圍的要害之地，既是賴朝祖先賴信受朝廷賜予的地方，亦為其子賴義將八幡神（源氏的氏神）分靈至此的源氏故舊之地；同時也是水陸交通的要衝，風水（陰陽道）地相可說是最好的。

對此感到危機的平清盛，以孫子維盛為總大將向關東派遣大軍。但是習慣京都生活的平氏一門對於遠征非常消極，軍隊也隨著坂東武者的剛勇傳聞入耳而開始離散，減少到僅剩四千人。更在到達富士川時，把水鳥飛起來的聲音錯認是敵人來襲，丟下武器逃之夭夭。

賴朝在鎌倉設置侍所作為御家人（服從賴朝的武士）的統率機關，讓有力御家人和田義盛擔任別當（長官）。1184年讓大江廣元擔任管理土地和財政的公文所（之後的政所）別當，更設置了負責御家人訴訟的問注所，至此鎌倉幕府的統治機關原型成形。

在這期間，北陸的木曾（源）義仲擊破平氏軍上洛。判斷無法參戰的平氏，帶著安德天皇離開京都逃到西國。義仲就這樣占領了京都，但其因為次任天皇人選而和後白河法皇對立。因此後白河頻頻向鎌倉的賴朝求助，賴朝以東國的支配權為條件，派弟弟範賴為大將率領大軍前往。

賴朝軍打敗了木曾義仲家，之後在一之谷合戰、屋島合戰將平氏逼上絕路，在1185年的壇之浦之戰消滅平氏。

主要的源平戰役（勢力範圍為1183年）

❶ **源賴政舉兵**（1180年）
賴政尊奉以仁王，為了打倒平氏而舉兵，在宇治戰死。

❷ **石橋山之戰**（1180年）
在伊豆舉兵的賴朝，被平氏的大庭景親軍打敗。

❸ **富士川之戰**（1180年）
平維盛軍被賴朝軍擊敗。

❹ **俱利伽羅峠之戰**（1183年）
源義仲在越中的礪波山擊敗平維盛軍。

❺ **一之谷之戰**（1184年）
範賴、義經軍擊敗在攝津福原集結的平氏。

❻ **屋島之戰**（1185年）
逃到位於讚岐屋島的平氏，遭義經等人奇襲，戰敗。

❼ **壇之浦之戰**（1185年）
平氏一門雖擁立了幼小的安德天皇展開戰爭，
但吞下敗仗，於此消滅。

奧州藤原氏的勢力範圍
平氏的勢力範圍
源義仲的勢力範圍
源賴朝的勢力範圍

▶ 受到來自東方源氏攻勢的平氏逃離京都，在長門當地滅亡。

設置守護、地頭而在全國擴大勢力

源義經在源平合戰中相當活躍，他帶著平氏俘虜總帥宗盛欲進入鎌倉，但被賴朝拒絕。賴朝對於義經未經許可，無視嚴禁從朝廷獲得官位的命令而憤怒，震驚的義經寫信謝罪，賴朝拒絕寬容。

無計可施只好回到京都的義經，策動後白河法皇使其發出征討賴朝的院宣，然而兵力卻未如預期增加，義經本人就此失蹤。

另一方面，對後白河行為大怒的賴朝，在1185年10月擺出率領大軍進攻的態度，讓丈人北條時政帶領一千人的軍隊上洛。時政痛批後白河發布的院宣，反讓後白河發布追討義經的院宣，並逼其許可賴朝政權**在全國設置被稱為守護、地頭的地方官員**。

所謂守護，是負責各國警察權的職位；地頭則是設於公領和莊園，負責維持治安、土地管理和徵收年貢的職位。藉由在各地設置守護和地頭，賴朝的影響力一口氣擴大到全國，同時也獲得從全國徵收兵糧米的權力。

接著他又逼迫後白河讓九條兼實取代藤原基通成為攝政，大刀闊斧對朝廷的人事進行改革。

如此這般，**賴朝的勢力在1185年超越朝廷，所以也有很多學者以這年為鎌倉幕府的創設年。**

消滅打造黃金文化的奧州藤原氏

失蹤的源義經逃到奧州藤原氏的領地，後者是以藤原清衡為初代，將奧州（東北地方）納入手中支配的一族。

經過東北地方的內亂（前九年合戰），清原武則成為鎮守府將軍開始支配當地。武則之子武貞有三個兒子，第一任妻子生了長男真衡，後妻（安倍賴時之女）之子家衡和後妻帶來的前夫之子清衡（藤原經清之子）。在清原氏內亂（後三年合戰）獲勝的是清衡，他復姓為亡父的藤原氏（奧州

藤原氏），擔任出羽國、陸奧國的俘囚長（俘囚負責支配歸順朝廷的出羽國、陸奧國蝦夷人），以平泉（岩手縣奧州市）為據點君臨東北全境。之後**經歷清衡、基衡、秀衡三代打造出黃金時代**。1124年，清衡把當地生產的豐富砂金和馬匹送給朝廷和中央的貴族，作為回報獲得了極大的自治權。

同時他也積極策畫移植中央文化，透過和大宋交易輸入中國文化，**在平泉這個北方邊境之地，打造出光芒耀眼的黃金文化**，象徵該文化的，就是中尊寺金色堂。

清衡在北上川和衣川合流的平泉關山建立了許多堂宇，亦即中尊寺，據說不少建築物的外觀都鋪上了金箔。

僅存的金色堂遺跡，是一棟三間四方的建築物，從屋頂到牆壁全都鋪上金箔，在七寶莊嚴的柱子上，大量使用棲息於琉球深海的夜光貝螺鈿鑲嵌和非洲象牙。

平泉周邊還有奧州藤原氏的據點柳之御所，以及第2代基衡創建的毛越寺、第3代秀衡建造的無量光院等，壯麗的平泉文化在此開花。但是歷經三代極盡繁華的黃金王國後，也因藏匿源義經，而在第4代泰衡時走向終結。

1189年，賴朝以藏匿義經為理由，消滅奧州藤原氏並平定東北地方。隔年久違地參詣了朝廷，成為權大納言、右近衛大將，兩年後1192年，被任命為征夷大將軍。

若說平氏是因深入既存的貴族社會而獲得權力，那麼源氏就是打倒這個政權並重新塑造完全不同的武家政權。

Go back 那麼平清盛究竟是怎麼在貴族社會掌握權力的？

10 為什麼平清盛可以在貴族社會掌握權力？

因為他在保元、平治之亂獲得勝利，掌握了強大軍事力和財力。

上溯到桓武天皇的平氏

鎮壓朝廷內亂而一口氣抬頭並掌握權力的平清盛是武士出身。

武士出現於9世紀末。究竟經由什麼過程而產生的，這點眾說紛紜尚不明瞭。應該是有力農民和土豪開拓原野成為領主後，子孫為了守護土地開始武裝，和以官員身分從中央來到地方並且有軍事優勢的下級貴族結成主從關係，從而形成武士團。武士裡也有到京都擔任朝廷警備和貴族保全者，但其地位是非常低的。

最後武士團也開始整合，形成了桓武平氏和清和源氏兩大武士團。桓武平氏的主流是從桓武天皇之孫（或說曾孫）高望王為上總國司（上總介）來到關東，就此定居而開始的。

10世紀前半，**平將門在關東發起叛亂，平定叛亂的是將門的堂兄弟平貞盛。貞盛的四男維衡將據點移到伊勢國**（三重縣），這支家系稱為伊勢平氏，最後出現了平清盛。

伊勢平氏會進入中央政界的契機，是因為清盛祖父正盛的活躍。正盛活躍於討伐海賊，又因向朝廷的權力者白河上皇捐贈土地而成為近臣。其子忠盛也成為白河、鳥羽上皇的近臣，提升到被允許升殿（進入天皇居住的清涼殿）的地位。

忠盛同時是相當優秀的武人，平定不少叛亂也解決了許多盜賊，又因為日宋貿易累積了極多財富。忠盛之子清盛生於1118年。

從祖父起就深入朝廷，父親不僅擅長作戰也擅長累積財富，這些都可以說是清盛時代平家一門躍進的基礎。

清盛跟隨祖父和父親腳步接近上皇，在1156年天皇家和攝關家的紛爭保元之亂裡力挺後白河天皇，之後成為後白河的軍事力而受到重用。

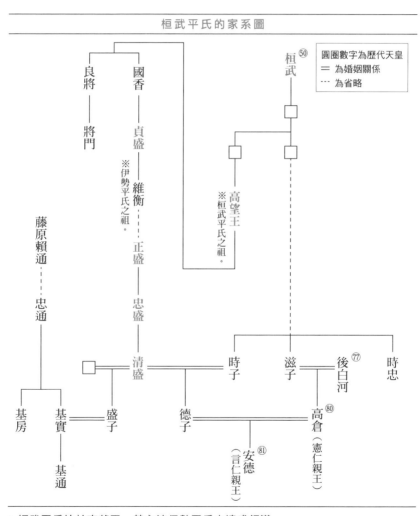

桓武平氏的家系圖

圓圈數字為歷代天皇
＝ 為婚姻關係
… 為省略

▶桓武平氏始於高望王，其主流伊勢平氏由清盛領導。

其後在平治之亂打倒了可說是競爭對手的源義朝，成為唯一的軍事力量而提升了存在感。1160年，升上正三位加入公卿（現代內閣官員級的地位）行列，平氏一門也獲得了各地國司（相當於現代縣長）的職位。

平定朝廷內亂，獲得政治力、武力和經濟力的清盛勢不可當。最後他把女兒盛子嫁給關白藤原基實，在基實24歲死後稱「基通（基實之子）成人之前攝關家領由平氏管理」而拿到廣大領地。1166年，清盛之妻時子的妹妹滋子與後白河之子憲仁親王被立為皇太子，終於在隔年，清盛就任太政大臣。

出身於武士這種低賤身分，卻能就任朝廷的最高職位太政大臣，是讓人吃驚的事。為什麼貴族社會容許這種事發生？

當然清盛的政治手腕占了很大因素，但是在那之前，有說法說清盛是白河上皇的兒子。至少貴族是這麼相信的。

根據《平家物語》等的記載，據說清盛的母親原是白河上皇的愛人，後來送給平忠盛，當時她已經懷了上皇之子（清盛）。如果不是這樣的話，無法說明清盛如何能成為太政大臣，所以這個「御落胤」（私生子）的說法，在學界也有不少支持者。

不論如何，對清盛崛起感到危機的院（後白河上皇）之近臣，在1177年密謀打倒平氏（鹿之谷的陰謀），然而相干人等因事前敗露而遭逮捕。1179年，嫁給高倉天皇的女兒德子生下皇子（言仁親王），清盛因此成為外戚（外祖父），

在同年10月解任後白河任命的關白藤原基房，接著放逐上皇約40名近臣，軟禁後白河並奪取權力。隔年1180年2月，讓只有2歲的言仁（安德天皇）即位，樹立平氏政權。

清盛沒收了後白河一派的領地和莊園，平氏一門獨占日本過半國土，更加強了日宋貿易，從中汲取大量利益以強化經濟基礎。

平氏因清盛之死而瓦解

如此建立起來的平氏政權雖然望似磐石，但成立不久馬上就發生動搖。同年6月，後白河的次男以仁王被源賴政擁立舉兵。

他們在宇治川橋之戰大敗而死，不久後清盛遷都到福原（兵庫縣神戶市）。因為奈良興福寺展現反抗態度，延曆寺也出現不穩的舉動。京都並非易守之地。然而他強行久違四百年的遷都之舉，卻連平氏族內都觀感不佳，結果不到半年就回到京都。

清盛的政策讓平氏政權失去信賴，源氏在各地舉兵，他自己則在這般困境中於隔年溘然病死，致使平氏政權大步衝向瓦解。總而言之，平清盛平定朝廷內亂（保元、平治之亂）得勢後，選擇在朝廷裡取得政權的道路。

但是，有個不同的傾向慢慢興起了。自覺到自身力量的關東武士，開始追求從保元、平治之亂而動搖的朝廷自立。剛好這時候，源賴朝這名武士棟樑被流放於此地。

Go back

那麼朝廷的內亂・保元、平治之亂到底是怎麼回事？動亂又是怎麼發生的？

第3章

戰國時代～平安時代末期

11 為什麼會發生朝廷內亂・保元之亂？

因為皇族爭奪施行院政的「治天之君」地位。

因為實權而讓上皇和天皇對立

1156年，掌握權力二十多年的鳥羽法皇逝世。

當時施行的是讓年幼天皇陸續即位，由生父上皇（從天皇退位的人物）和祖父法皇（出家的上皇）實行政權的院政。即使有複數的上皇（法皇）在世，也僅會有一人掌握政權，這稱為治天之君。鳥羽上皇就是治天之君。

鳥羽的長男崇德天皇本該是下一任治天之君，但是1141年鳥羽讓崇德退位後，不是讓崇德的兒子重仁親王即位，而是讓寵妃美福門院之子體仁親王（近衛天皇）即位，當時他才3歲。

治天之君是讓兒子或孫子即位，以此為基礎施行院政。也就是說，崇德是沒法掌握權力的。一旦近衛天皇生下兒子，近衛就會退位成為上皇掌握權力。崇德之所以忍受鳥羽的做法，是因父親鳥羽一旦改變想法，自己的兒子重仁還是有即位的可能性。

1155年，近衛天皇在17歲時死去且未有子嗣。當然，崇德期待著重仁即位。但是鳥羽法皇竟把和崇德差了8歲的弟弟送上皇位，即後白河天皇。此時後白河已經有好幾個兒子，**崇德成為治天之君的道路完全被封死了**。

為什麼鳥羽這麼討厭長男崇德？

其實崇德不是鳥羽的兒子，他是祖父白河法皇和自己妻子（中宮）待

賢門院外遇生下的小孩。至少鳥羽是這麼相信的。形式上雖然是自己的長子，實則是叔叔，所以私底下他叫崇德「叔父子」。

待賢門院小時候是在白河法皇處被養大，成人後成為他的愛人。之後白河讓她和孫子鳥羽結婚，但也一直保持男女間的關係。真是讓人吃驚的八點檔人際關係啊。

1156年鳥羽法皇死後，崇德和後白河的關係因爭奪朝廷實權而加速惡化。

當時在攝關家，關白藤原忠通和其弟左大臣賴長也是對立關係。兩人的父親忠實因為寵愛賴長，逼迫忠通把關白職位讓給賴長。因此忠通向後白河天皇求助；賴長則因此靠向崇德一方。

以武士為後盾的貴族對立

就這樣天皇家和攝關家分成兩派，各自開始集結交好的武士。**崇德方召集了平忠正、源為義、為朝父子；後白河方召集了平清盛、源義**

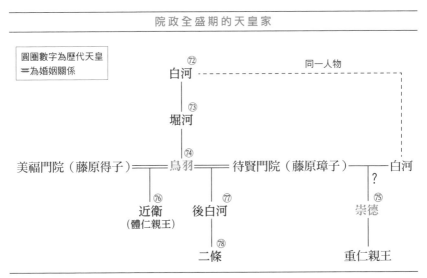

院政全盛期的天皇家

圓圈數字為歷代天皇
＝為婚姻關係

同一人物

⑫白河

⑬堀河

美福門院（藤原得子）＝⑭鳥羽＝待賢門院（藤原璋子）——白河

？

⑯近衛（體仁親王）　⑰後白河　⑮崇德

⑱二條　　重仁親王

▶以白河法皇為首，複雜的人際關係成為戰爭導火線。

保元之亂（1156年）

天皇方〔勝方〕		上皇方〔敗方〕
後白河（弟） ※開始院政。	天皇家	崇德（兄） ※流放至讚岐。
〈關白〉 忠通（兄）	藤原氏	〈左大臣〉 賴長（弟） ※戰死。
清盛（姪子） ※樹立平氏政權。	平氏	忠正（叔父） ※斬首。
（子） 義朝 （兄）	源氏	為義（父） ※斬首。 為朝（弟） ※流放至伊豆大島。

平治之亂（1159年）

〔勝方〕				〔敗方〕
藤原通憲（信西） ※殺害。	院的近臣			藤原信賴 ※斬首。
清盛（父） 重盛（子）	平氏	院的近臣	源氏	義朝（父）※謀殺。 義平（子）※斬首。 賴朝（子）※流放至伊豆。

▶ 平治之亂打敗源義朝的平清盛，開始在朝廷顯露頭角。

朝，**最後雙方兵戎相見**，即保元之亂。

戰爭以後白河方的勝利結束。藤原賴長被射中頸部而死，崇德上皇被捕，遭流放到讚岐國。

這場亂事象徵皇族、貴族間的對立以武士力量解決的時代來臨，武士開始一口氣在朝廷內崛起。

兩年之後，後白河天皇退位成為上皇，在親生兒子二條天皇之上開始院政。這一次，是上皇的近臣開始對立。

後白河乳母的丈夫信西（藤原通憲），和後白河的年輕寵臣藤原信賴互相對立，隔年1159年，信賴和源義朝合作舉兵，軟禁了後白河上皇和二條天皇，更殺害了競爭對手信西（平治之亂）。

當時平清盛先假裝服從信賴，確保二條天皇的人身安全後，以天皇命令的形式發起軍事行動，打敗協助信賴的源義朝軍。信賴被捕處刑，想要逃到東國的義朝也被部下殺害。

就這樣平清盛成為朝廷唯一的軍事力量。

因為二條天皇年紀輕輕就死去，所以後白河的院政一直持續下去，在這個狀況下平清盛急速在朝廷裡崛起。

Go
back

什麼原因促成院政這種政治型態？

12　為什麼會誕生由上皇實行政治的院政？

因為白河天皇違反父親遺志，退位後擁立幼君繼續掌握權力。

讓位給年幼的小孩掌握權力

開始院政這種新政治型態的，是白河上皇。

白河上皇是後三條天皇的第一皇子，出生於1053年。

父親後三條因為生母不是攝關家出身，就算被選為皇太子還是有被廢太子的可能性。但是因為哥哥後冷泉天皇沒能和攝關家之女生下兒子就死去，所以後三條終於在35歲當上天皇，久違了一百七十年終於誕生了不以攝關家為外戚的天皇。後三條天皇不顧關白藤原賴通，起用大江匡房並開始親政。

1072年，後三條讓位給20歲的兒子白河，其有沒有要成為上皇實行院政的企圖這點並不清楚，會這麼說，是因為後三條在半年後就以40歲之齡早逝了。但是可以確定的是後三條是把白河當成中繼天皇的想法。這點從他退任時，把兩歲的次子實仁親王立為皇太子就可以知道。

實仁是白河天皇的同父異母弟。白河天皇是攝關家的旁系，而實仁是直系，據說這是後三條為了不要製造新外戚家的做法。

但是皇太子實仁在1085年病歿。隔年白河天皇立8歲的長男善仁為皇太子，在當天就把皇位讓給善仁（日後的堀河天皇），且沒有決定下一任皇太子。

其實死掉的實仁有同母的弟弟輔仁親王，白河似乎是為了斷絕輔仁繼承皇位的可能性，所以才不立他為皇太子，讓太子之位空缺。

白河成為上皇後，仍然在幼君之上掌握政治實權，在院廳（上皇的家政機關）集合近臣處理政務。朝廷開始變得以白河上皇發出的院宣（命令書）和院廳下達的院廳下文來行動。

　和過去最大的差異，是**不同於被律令拘束的天皇，而是以限制很少的上皇立場來行使政務**這點吧。像這樣以上皇（法皇）為中心的政治，就以上皇的居所「院」為名而稱為院政。上皇經常有複數存在，但掌握權力的只有一個人。這稱為治天之君，已經在前文提過。

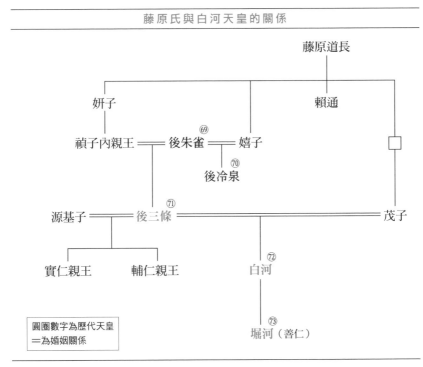

藤原氏與白河天皇的關係

▶ 脫離攝關家強大影響力的天皇，開始實施院政。

院政下的支配結構與武士的興起

白河也起用了受領層（國司等的下級貴族）為院的近臣（側近），展開不受慣例和先例拘束的政治，同時組織了畿內近國的武士成為北面武士以保護上皇，掌握了強大的軍事力。

白河上皇施行院政掌握權力約五十年，後由鳥羽上皇、後白河上皇繼承，持續了約一百年。

白河繼承了後三條的方針，熱心於整理非法莊園（私有地），但在其孫鳥羽上皇的時代，反而轉為承認莊園的方針。這麼一來，大家集中把地捐給上皇，讓院政的經濟基礎日漸穩固。

也因為這樣，鳥羽院政期間集增的莊園，後演變成各地都是莊園和國衙領（公領），稱為莊園公領制。

上皇（院）更把上級貴族和大寺社當成知行國主，把一國的支配權（知行權）交給他們。成為知行國主的人，可以任命自己的子弟或側近為國守（國司）以支配國內，進而將國衙領的收入全部放進自己口袋。這稱為知行國制度，相當於是在零售國土。

白河、鳥羽、後白河三個上皇熱心信仰佛教，都出家成為法皇。這個時代建立了六勝寺（法勝寺、尊勝寺等有「勝」字的六座壯麗寺院），三位上皇常常參詣紀伊國的高野山和熊野。興福寺和延曆寺等大寺社利用上皇的信仰心，讓僧兵（僧侶打扮的武裝兵）扛著神木或神轎闖入京都，強迫朝廷接受自己的要求。**傷透腦筋的朝廷和上皇，為了與其對抗，開始重用不畏佛罰的武士，武士因此得以進出中央政界。**

不論如何，以白河上皇違背父親後三條天皇遺志為契機，誕生了院政這種「天皇直系尊屬的退位上皇（院），脫離天皇在位中的種種約束，實則左右朝廷政治的政治型態」（石井進著〈12至13世紀的日本 —— 從古代到中世〉《岩波講座 日本通史第7卷 中世1》岩波書店出版）。

院政的全盛期前後持續近一百年，結果削減了在朝廷的藤原氏（特別是攝關家）的影響力。

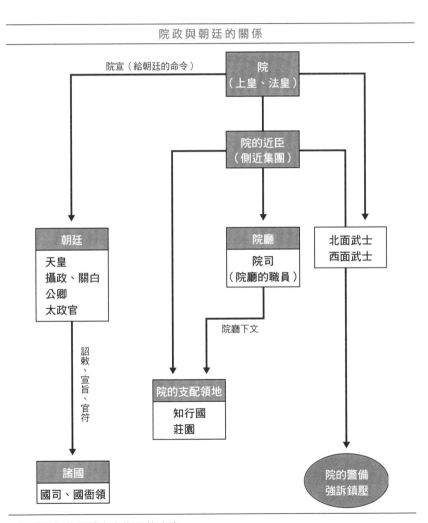

院 政 與 朝 廷 的 關 係

院宣（給朝廷的命令）

院
（上皇、法皇）

院的近臣
（側近集團）

朝廷
天皇
攝政、關白
公卿
太政官

院廳
院司
（院廳的職員）

北面武士
西面武士

詔敕、宣旨、官符

院廳下文

院的支配領地
知行國
莊園

諸國
國司、國衙領

院的警備
強訴鎮壓

▶朝廷運行著接受上皇指示的政治。

中世的文化

中世的文化可以大致分為四種，就是鎌倉文化、南北朝文化、北山文化及東山文化。

鎌倉文化是以鎌倉時代為中心，12世紀中期到14世紀初的文化。此時雖然誕生了第一個武家政權，但文化的重心還是朝廷的貴族（公家）。

武士還沒有創造文化的力量，處於接受公家文化的立場。接受宋朝與元朝的影響，也可說是鎌倉文化的其中一個特徵。

在文學方面，軍記物語的最高傑作《平家物語》被琵琶法師傳唱，鴨長明《方丈記》、兼好法師《徒然草》等有名隨筆作品誕生。此時也誕生了幕府正史《吾妻鏡》、慈圓《愚管抄》等優秀的歷史書。在建築和雕刻上，則有東大寺南大門和東大寺金剛力士像等優秀作品。

南北朝文化是在鎌倉幕府崩潰，經過建武新政至南北朝統一為止，在戰亂時代開花的文化。出產了許多反映時事的軍記物語和歷史書，代表作有描寫南北朝動亂的《太平記》、北畠親房的《神皇正統記》，以及《增鏡》、《梅松論》。

鹿苑寺金閣象徵的北山文化，是第3代將軍足利義滿治世期間，因為大成於其京都北山宅邸而得名。金閣是折衷公家形式的寢殿造，和武家形式的禪宗樣所建造的，就像這間建築物所展現的，北山文化就是公家和武家文化的融合。

如果要舉一個代表性的藝術，那就是能樂了吧。在足利義滿的保護下，觀阿彌、世阿彌父子完成了猿樂能，世阿彌留下了《花傳書》。

第8代將軍足利義政模仿將軍義滿，在京都東山建造別墅。宅邸裡建有銀

閣和書院造東求堂同仁齋，該地成為以靜寂美、幽玄為基調的文化中心，這種文化稱為東山文化。

強烈反應禪宗精神色彩也是其一大特徵，特別是大德寺大仙院庭園和龍安寺石庭等，以沙石表現大自然的枯山水庭園相當厲害。

在這個時代，庶民文化也開始萌芽，連歌、小歌及古淨瑠璃等流行一時。

中世的四種文化

文化名	特徵	代表事物
鎌倉文化	以公家的文化為基礎，質實剛健的武士風氣，受到宋朝影響的文化。	＜文學＞ 《平家物語》、《方丈記》、《徒然草》、《吾妻鏡》、《愚管抄》、《十六夜日記》、《新古今和歌集》 ＜雕刻、建築＞ 東大寺南大門、金剛力士像、高德院阿彌陀如來像（鎌倉大佛）
南北朝文化	以新興的武士為主，具備華麗以及奢侈的文化。	＜文學＞ 《太平記》、《神皇正統記》、《增鏡》、《梅松論》、《菟玖波集》（連歌集） ＜建築、庭園＞ 天龍寺庭園、西芳寺、永保寺開山堂
北山文化	由過去的公家文化和武家文化融合而成。	＜文學＞　　　　　　＜藝能＞ 《花傳書》、五山文學　猿樂（能）、水墨畫、 　　　　　　　　　　茶道、插花 ＜建築＞ 鹿苑寺金閣
東山文化	北山文化加上禪宗的影響，由武士主導的文化。	＜建築、庭園＞ 慈照寺銀閣、大德寺大仙院庭園、龍安寺石庭 ＜藝能＞ 茶道（靜寂茶）、連歌、小歌、古淨瑠璃

▶ 握有權勢的武士氣質風格，逐漸滲透到舊有的貴族文化中。

鎌倉新佛教（1）

多次戰亂如源平爭亂和承久之亂，再加上饑荒和頻頻發生自然災害的平安時代末期到鎌倉時代初期，人們為了從現世的不安和痛苦逃離而求助於神佛。但是佛教是獨屬貴族的，向庶民伸出救度之手的宗派很少。

在這種狀況下，有六個積極想要拯救庶民的僧侶：法然、親鸞、一遍、日蓮、榮西以及道元。他們的共通點是不需要嚴格的修行（易行），倡導只要專門修行這個法門（專念）就可以往生極樂或是開悟。日後他們開創的宗派被稱為鎌倉六佛教。

其中淨土宗、淨土真宗、時宗三宗倡導依靠念誦「南無阿彌陀佛」（念佛）便可往生極樂。淨土宗由京都的法然在平安時代末期開創，其教義不只傳向貴族和武士，也廣傳到庶民層。

法然生於美作國，在比叡山學習天台宗，嶄露頭角後被稱讚為「智慧第一」。下山研究諸宗後，得到「只要一心念佛人就會得救」的專修念佛結論。後白河法皇和九條兼實等重要人物也皈依其下，但被比叡山延曆寺和興福寺等舊佛教勢力所憎惡。1207年念佛被禁止，法然被流放到土佐國。不過在1211年被赦免，隔年80歲時死去。

淨土真宗的開山祖師親鸞是京都貴族之子，曾在比叡山努力修行，但對天台宗的教義感到不足，所以下山進入法然門下。師父被流放時，親鸞也連坐被流放到越後國，在流放地依照自己的信念娶妻。他被赦免後沒有回到京都，而是在關東布道念佛。

親鸞倡導即使只有一次是打從心底念佛，人也可以獲得救度，特別是自覺自己是惡人者，阿彌陀佛更會率先解救他（惡人正機說）。這個教義急速普及

於世，雖然生前的親鸞似乎不是這個意思，但最後還是從該教義產生淨土真宗這個教派。

時宗登場於13世紀後半。開山祖師一遍倡導以念佛為基礎的一切救度，跳著**念佛舞蹈**遊行全國，給予信徒「念佛札」為念佛往生的印記。相傳在臨死之際，一遍把自己所有的著作全都燒了。

鎌倉六佛教概要 ❶

宗派	淨土宗	淨土真宗 （一向宗）	時宗
開山祖師 （生歿年）	法然 （1133～1212年）	親鸞 （1173～1262年）	一遍 （1239～1289年）
主要教義	＜他力本願＞ 不是靠嚴格修行開悟，而是因為阿彌陀佛而得救。 ＜專修念佛＞ 為了往生後前往阿彌陀彌所在的淨土，只要一心念佛。	＜惡人正機＞ 並非可以自我修正的人（善人），而是無法做到這點的人（惡人）才會被阿彌陀佛拯救的思想。	＜遊行＞ 兼行布道活動和磨鍊自己，在各地遊歷。 ＜念佛舞＞ 用太鼓和銅鉦伴奏，頌唱念佛。
中心寺院	知恩院（京都府）	東本願寺 （京都府） 西本願寺 （京都府）	清淨光寺 （神奈川縣）

▶倡導往生極樂的三個教派，也被稱為淨土教。

鎌倉新佛教（2）

　　鎌倉六佛教中，臨濟宗和曹洞宗是從中國（宋）導入的禪宗，提倡可以用坐禪而自力達到開悟境界。

　　臨濟宗的開山祖師榮西是備中國出身，年輕時曾在比叡山修行，日後兩次前往宋朝致力於禪的修行。臨濟宗的特徵是一邊坐禪，一邊解答公案（師父發問的難題）來獲得開悟。因為北條政子等鎌倉幕府的重要人物皈依，臨濟宗受到幕府大力保護而有飛躍性的發展。室町幕府也沿續這個方針，在第3代將軍義滿時模仿中國的官寺制度，訂定了五山十剎制度。

　　曹洞宗的始祖道元，據傳是內大臣源通親和太政大臣藤原基房之女所生。他也是在比叡山修行時，遇上了「天台宗說所有的人都是佛，如果這樣的話那為什麼人還要修行」的疑問，因而前往中國宋土。他在禪學裡獲得答案，回國後開始禪宗的布道。和臨濟宗不同，曹洞宗重視坐禪本身，教導只要打坐就可以開悟（只管打坐）。

　　道元受到執權北條時賴的邀請，但他拒絕向權力靠攏，而是在北陸創建永平寺。他把這裡當成生涯布道的據點，在民間廣傳教義。

　　日蓮宗的開山祖師日蓮是安房國的武家出身。他認為法華經（天台宗的中心經典）是最高教義，在鎌倉進行街頭說法，稱「信仰法華經、唱念南無妙法蓮華經（題目）的人可以即身成佛。若全國所有人都信奉法華經，這個國家就會成為淨土」。他還激烈攻擊其他宗派，向執權北條時賴提出自己著作的《立正安國論》，主張若停止念佛就會受到他國侵略。這種言行讓他惹禍而被流放到伊豆國和佐渡國，但信徒還是日漸增加。

鎌倉六佛教裡，在鎌倉時代繁盛的只有臨濟宗而已。但其他五個宗派在室町時代也有飛躍性的發展；進到江戶時代之後，成為庶民佛教而生根穩定。

鎌倉六佛教概要 ❷

宗派	臨濟宗	曹洞宗	日蓮宗（法華宗）
開山祖師（生歿年）	榮西（1141～1215年）	道元（1200～1253年）	日蓮（1222～1282年）
主要教義	<坐禪>打坐讓思緒寧靜（禪）。<公案>以開山祖師的言行錄等為基礎，作為追求真理的入門磚而被編成的問題。	<只管打坐>只管一心一意坐禪。	<題目唱和（題目）>認為只要唱念「南無妙法蓮華經」七字就可以獲得功德的思想。
中心寺院	建仁寺（京都府）建長寺（神奈川縣）	永平寺（福井縣）	久遠寺（山梨縣）、法華經寺（千葉縣）

▶ 獲得幕府為其後盾的臨濟宗在上級武士之間發展；曹洞宗則是在地方武士和民眾間發展。

主題 14 | 中世的外交

　遣唐使中止之後，平安時代和中國並沒有正式的邦交，但是在博多依然有很多宋船來訪進行民間貿易。宋船從大陸帶來的舶來品稱為唐物，廣受貴族喜愛，但因為沒有長期和外國人接觸，貴族之間對他們的歧視和厭惡變得越發嚴重。

　平清盛修了大輪田泊，將海賊掃蕩一空後藉此將宋船帶入瀨戶內海，一手掌握了日宋貿易。特別是輸入大量的宋錢，讓貨幣經濟蓬勃發展。

　接下來的鎌倉幕府也沒有和中國正式樹立邦交，元取代宋支配中國後，忽必烈向日本要求從屬。執權北條時宗拒絕而爆發元寇（第153頁），這點已經在前面提到。但是日元關係並未就此完全斷絕。

　1325年，鎌倉幕府為了籌措建長寺等等的修築費用，派遣民間商船到大元。創建室町幕府的足利尊氏，也為了拿到天龍寺的創建費用而派船到大元。

　終於蒙古人離去回到北方，漢人國家大明在中國成立。正如前述，室町幕府的第3代將軍足利義滿在1401年曾和明建立邦交，1404年開始使用勘合符朝貢貿易（日明貿易）。但第4代將軍義持認為這個形式是種屈辱而中斷。

　由於貿易的利益實在龐大，因此第6代將軍義教重啟貿易。義教在嘉吉之變被赤松滿祐殺害後，和博多商人合作的守護大名大內氏，和與堺商人合作的細川氏開始各自派出貿易船。

　1523年，大內氏和細川氏為了貿易主導權在大明寧波發生鬥爭，之後由大內氏獨占日明貿易，直到當主大內義隆被重臣陶晴賢消滅，日明貿易才在1551年終結。

李成桂在朝鮮建國後要求取締倭寇，將軍義滿利用此機會與之建立邦交。民間的日朝貿易因此興盛起來，但隨後又因為太過狂熱，對馬的宗氏開始管制交易。

室町時代的主要貿易港

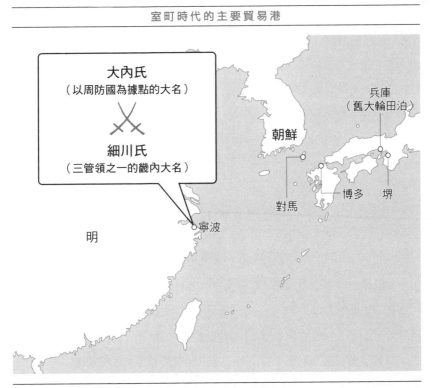

大內氏
（以周防國為據點的大名）

細川氏
（三管領之一的畿內大名）

兵庫
（舊大輪田泊）

朝鮮

博多　　堺

對馬

寧波

明

▶大內氏和細川氏利用靠近自己領地的港口掌握貿易。

15 農業的發展

中世紀的主要產業為農業，到了鎌倉時代農業生產力驚人地成長，這是因為農法大為變化所致。此時開始在田地使用割敷（腐葉土）和草木灰、人肥（人的糞尿）等肥料。馬和牛被帶入田地耕作（牛馬耕），鍬和鋤頭等也變得可以便宜入手，農具的主流從木製變成鐵製，使深耕變得更容易。

稻米也因為品種改良而開發出早稻、中稻和晚稻，二期作以畿內為中心開始普及。讓人驚訝的是，到了室町時代後，畿內還出現了三期作。

既可多期收穫也能頑強應對氣候變化的大唐米（從中國來的輸入種），栽培於鎌倉時代並開始興盛。從蓄水池和河川取水的工具，除了水車之外，還多了從中國傳來的龍骨車。多角化和集約化，這可以說是中世農業的關鍵字。

到了鎌倉時代末期，多餘的生產物使經濟富裕的農民大量出現，他們從作人（一般農民）變身成名主（有力農民），發財的名主和守護大名結成主從關係而成為武士（地侍），或和鄰近的同志結成同盟，開始搶奪莊園或是反抗幕府。這種新興武士稱為惡黨，他們就是日後打倒鎌倉幕府的推進力量。

在南北朝時代，為了從守護和地頭的介入中保護自己，農民開始結成自治村落（惣村），一致團結以強訴（集團請願）和逃散（丟下耕地逃走）來抵抗領主，讓其接受減稅等要求；甚至為了要求欠債歸零等而武裝起義（土一揆），這已在前文提過。

鎌倉時代年貢開始以金錢繳納，出現了把農作物拿到市場換錢的人。室町時代的貨幣經濟滲透到農村，在六齋市（一個月六次的定期市集）的稻米和特產物買賣非常繁盛。栽培桑、楮、藍、茶等經濟作物，或生產鍋碗瓢盆等日用品的農民日漸增加，在六齋市販賣這些原料或製作手工業產品的人也增加了。

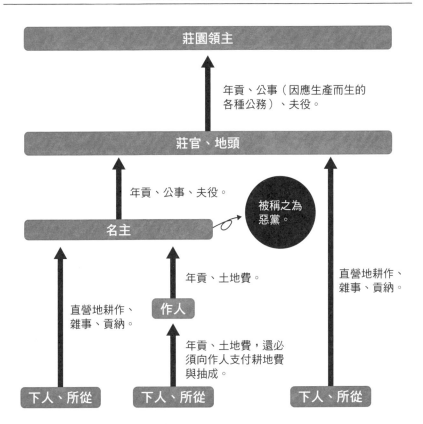

▶各階層的管理者各自收取利益的多重結構。

主題 16 室町時代商業的發展

室町時代是工商業發達的時代，其中移動販賣者貢獻良多。

移動販賣者也有很多女性，居住在京都桂地方之鵜飼集團的女性被稱為桂女，四處販賣香魚和糖果。京都大原的大原女，則是在洛中四處販賣木炭和柴木。

移動販賣者會到各地的六齋市販賣商品，但在京都等地的大都市，也有愈來愈多常設的小賣店「見世棚」，漸漸形成商店街。

同業的工商業者組合稱為座，始於平安時代末期，到了室町時代已頗具規模。最有代表性的就是大山崎油座，以大山崎離宮八幡宮的神人為座眾（座的成員），向本所石清水八幡宮支付座役（稅），可以獲得免繳關錢等巨大特權為回報。不只在京都，他們也在近江國和美濃國等獨占了燈油的販賣。

其他還有祇園社的綿座、北野神社的酒麴座、鎌倉的木材座、興福寺的鹽座以及日吉神社的紙座等也很著名。

座大規模化的同時，不屬於座的新興商人開始擁有力量也是室町時代的特徵。特別是到了戰國時代，戰國大名也曾發布否定座的樂座令，最終新興商人成為了商業的中心。

室町時代因為商業發達，流通的貨幣量也爆發性增加。但所用的貨幣大多是中國來的輸入錢，鎌倉時代以來的宋錢，加上永樂通寶、洪武通寶、宣德通寶等明錢也很多。

仿造輸入錢而鑄造的「鐚錢」（粗糙的私鑄錢）也不少。

因此室町幕府和戰國大名或是禁止使用「鐚錢」，或是訂定良幣與「鐚錢」的交換比率（撰錢令），希望達到貨幣流通順利和市場安定。

此外，鎌倉時代有稱為借上的高利貸；室町時代也有稱為土倉的金融業者。酒店和寺院也會借給人們許多金錢。

鎌倉時代與室町時代的商業

時代	業態	組織	貨幣	高利貸
鎌倉時代	·移動販賣 ·一個月三次的三齋市	小規模的座	宋朝貨幣	借上
室町時代	·出現常設棚 ·一個月六次的六齋市 ·移動販賣活性化（京都的桂女和大原女）	·座的大規模化 ·因為樂市令而出現新興商人	宋朝貨幣與明朝貨幣	土倉

▶和鎌倉時代相比，室町時代的商業出現了規模擴大等活性化現象。

年代	天皇	重要事件
1467年	後土御門	應仁之亂爆發。
1441年	後花園	足利義教被暗殺（嘉吉之亂）。
1394年	後小松	足利義滿成為太政大臣。
1392年	後小松	南北朝統一。
1350年	崇光 後村上	觀應之亂開始。
1338年	光明 後醍醐	足利尊氏開設室町幕府。
1333年	後醍醐	鎌倉幕府滅亡。
1331年	後醍醐	因為後醍醐天皇而發生元弘之變。
1297年	伏見	發布德政令（永仁德政令）。
1281年	後宇多	蒙古軍再次來襲（弘安之役）。
1274年	後宇多	蒙古軍來襲（文永之役）。
1232年	後堀河	制定御成敗式目（貞永式目）。
1221年	仲恭	承久之亂爆發。
1185年	後鳥羽	平氏在壇之浦之戰敗北滅亡。 源賴朝獲得守護、地頭的任命權。
1167年	六條	平清盛成為太政大臣。
1159年	二條	平治之亂爆發。
1156年	後白河	保元之亂。
1086年	堀河	白河上皇開始院政。

第 **4** 章

平安時代

舊石器時代

01 為什麼藤原氏的攝關政治可以長久持續？

因為藤原氏利用家族制度構築了權力維持系統。

把三個女兒嫁給天皇的道長

在上一章的最後，解說了因為院政而讓長久以來的藤原氏攝關政治衰退。那麼為什麼藤原氏可以長期維持攝關政治？這是因為藤原氏歷代持續利用家族制度，成為天皇家的外戚君臨天下，繼而能夠維持權力。以下就來好好解說吧。

所謂攝關政治，是天皇的外戚（母系的親戚、外祖父等）**就任攝政和關白職位，擔任天皇的監護人代行、輔佐政務的制度。**確立於10世紀後半，在11世紀前半達到全盛期。

攝政是在天皇幼小或是女性天皇在位之時設立；關白則是代理執行成人天皇的政務。可以成為攝政、關白的家系是固定的，亦即以藤原房前為祖先的藤原氏北家。

為了攝關職，北家一族重複宛如泥沼般的抗爭，因為除了能掌握政治實權，還有許多其他好處。

人事權是其中之一。身為攝關職者是天皇的監護人，擁有位階授予（敘位）和決定任官（除目）等官人（貴族和官員）的任免權。因此中下級貴族裡，常常出現為了要得到國司等好康職位而向攝政或關白送上貢物，或積極自薦為其家司（部下）的人。

擔任攝關職者，也兼任藤原氏的氏長者。所謂氏長者就是該氏（族）的首長，統領氏族全體，管理氏寺和氏社，擁有一族的任官和敘

位推薦權。

　此外也擁有運用朝廷所賜的家司管理眾多封戶（財產）的權限。

　眼看可以拿到這麼多的好處，所以**生為北家的男子，都會盡力拿到攝關職**。

攝 關 政 治 的 結 構

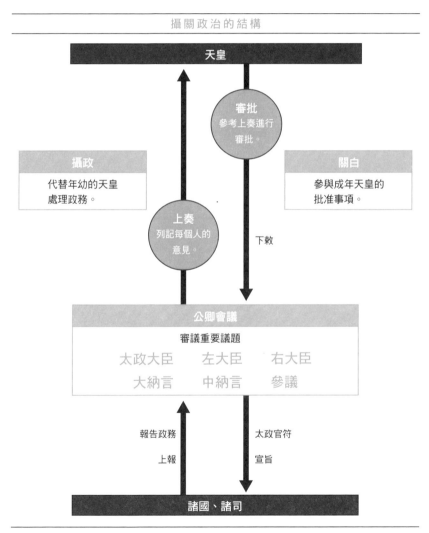

▶藉著代行、輔佐天皇政務之便，攝關職獲得極大的權力。

但是能不能就任這個地位，運氣占了一大成分。

首先，**成為天皇外戚（母系親戚）是絕對條件**，這意味著必須把自己的女兒或妹妹嫁給天皇為妻，而要讓天皇看上她們，則有學習高雅教義的必要。因此會讓優秀的女官（女房）在女兒或妹妹身邊服侍，代表人物如紫式部、清少納言。

女兒或妹妹成功和天皇結婚後，必須誕下可以登上繼承皇位的男孩。如此說來，**能否獲得權力真的很看運氣。**

獲得這種強運的，就是藤原道長。

父親關白兼家有四個兒子，道長為四男，一般而言很難成為權力者。但是因為哥哥陸續死去，更幸運的是哥哥入內的幾名女兒都沒生下皇子。

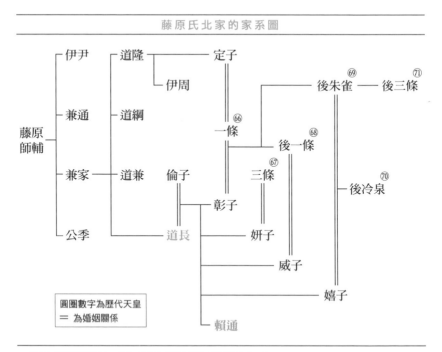

藤原氏北家的家系圖

▶ 氏長者藤原道長，把四個女兒陸續嫁給天皇為后。

　　道長首先成功讓女兒彰子成為天皇的中宮（同皇后），然而當時一條天皇已經有皇后定子；其兄，也就是道長的外甥伊周（道隆的長男）和道長因此發生權力鬥爭。因為女性問題而怨恨花山法皇（冷泉天皇的皇子）的伊周，託人向法皇射箭之事曝光後成為一大問題而失勢。

　　競爭對手像這樣自滅之後，道長成為朝廷的最大實力者，不久彰子為一條天皇誕下皇子。接著道長把女兒妍子立為三條天皇（花山法皇的同父異母弟）中宮；威子和嬉子也分別立為後一條天皇及後朱雀天皇的中宮。**將四個女兒立為天皇的皇后可是前所未聞之事，此後約三十年間，道長一直占據權力寶座，打造出攝關政治的全盛期。**

　　威子成為中宮時他似乎極為高興，因此詠了「這個世間，正如我世，望月無缺，正如我思」這首歌（望月之歌）。這可以解讀成「世間的東西都像是為我存在。如同滿月圓滿無缺，我的人生也是完美無缺」，充滿傲慢之意。

　　不過道長雖然就任攝政，卻沒有成為關白。從這點可以知道，欲成權力者，當上天皇外戚終究是最重要的事。

　　道長之子賴通繼承其父，半世紀間都處在權力者之位，但最後他的女兒沒有生下皇子。結果**未以藤原氏北家為外戚的後三條天皇即位，其子白河上皇開始了院政。**

　　就像這樣在院政施行之前，從平安時代中期開始藤原氏的攝關政治就持續至今。但正如前述，可以就任攝關職的家系是限定的，藤原氏裡也只有北家而已。

第4章　平安時代～舊石器時代

那麼為什麼藤原氏北家，能掌握朝廷實權？

Go back

02 為什麼藤原氏北家，可以掌握朝廷實權？

 因為從嵯峨天皇時代崛起的藤原冬嗣以後，北家成功地排除其他家族。

和天皇家結成婚姻關係

藤原氏始於大化革新中活躍的中臣鎌足，之後得到天智天皇（中大兄皇子）賜姓「藤原」。其子不比等在奈良時代初期讓女兒和天皇結婚而成為外戚，擁有了巨大實力。

不比等有名為武智麻呂、房前、宇合、麻呂四個兒子，他們各自組成南家、北家、式家、京家四個家族（藤原四家），其中以**房前為祖先的北家，在藤原一族裡成長為獨占攝政、關白的攝關家**。

那麼，藤原氏北家是怎麼登上權力寶座的？

回到平安時代前的奈良時代。藤原四子（四兄弟）和皇族長屋王爭奪權力，後者最終以謀反之名失勢（長屋王之變），藤原四子成功拿到政權，不過又因得到天花流行病俱病歿，勢力暫時變弱。其後藤原四家的武智麻呂（南家）之子仲麻呂掌握權力，宇合（式家）之子百川則擁立山部親王（日後的桓武天皇）為皇太子，在朝廷擁有相當大的權力。

時代演進到平安時代初期，藤原氏北家的藤原冬嗣在嵯峨天皇時代成為藏人頭受到寵愛，和天皇家結成姻親關係而成為左大臣。

以此為契機，北家在朝廷崛起。

冬嗣之子良房爬上了太政大臣（朝廷的最高職位）之位，更於866年以清和天皇外祖父的身分就任攝政。事實上過去的攝政都是由皇族擔任，**良房是第一個以臣子身分當上攝政的**。

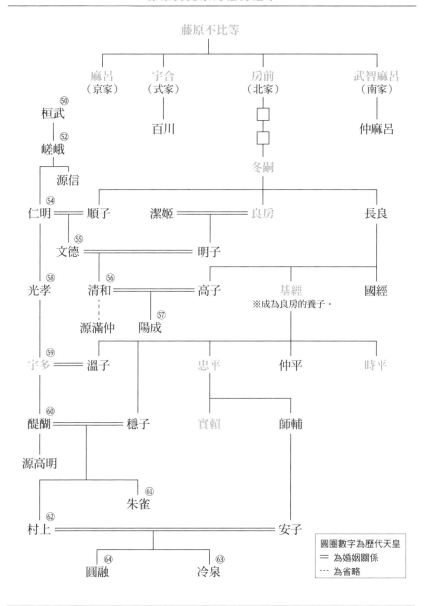

▶良房和基經兩人，打造了藤原氏北家的繁榮基礎。

接著良房的兒子（養子）基經繼承了攝政之職，887年成為關白。正如前述，關白是在成人天皇之下從事和攝政同樣工作的官職，為基經時代初次設置的令外之官（沒有規定於律令的官職）。

在良房和基經的時代，藤原氏北家陸續鬥倒了有力的貴族。

良房和基經強化了北家實力

比方說良房在842年，以和皇位繼承有關的謀反嫌疑流放了伴健岑和橘逸勢，此為承和之變。

866年發生應天門之變，大納言伴善男為了讓左大臣源信失勢而在應天門放火，並嫁禍於源信，不過後來發現這是善男的奸計。良房處罰了事變相關的善男和紀夏井，有力的伴氏和紀氏因此沒落。源信則以此契機從政界引退，良房在朝廷的力量更為強大。

繼承良房的是基經，他不是良房的親生兒子，而是藤原長良之子，後來成為叔父良房的養子。876年，基經成為陽成天皇的攝政；880年就任太政大臣。884年讓陽成天皇退位，使光孝天皇即位並成為關白，不過正式就任關白是在887年。

基經的晚年，發生了阿衡紛議。

由橘廣相起草，新即位的宇多天皇發給基經的敕書裡寫到「希望你就任如中國阿衡那樣的關白地位。」讀了文書的基經大為震怒，拒絕出勤朝廷。阿衡是古代中國的最高官職，由殷商的賢臣伊尹就任。

起草者廣相引用了這個故事。

但是基經憤怒地認為「阿衡的地位雖高，卻沒有實際職務，這是要把我擺上名譽職吧。」

雖然屈辱，但宇多天皇承認錯誤，重寫敕書而讓事態得以收拾。基經的目的被認為是想讓起草敕書的廣相失勢。

廣相是奈良時代權力者橘諸兄的子孫，他的女兒嫁給宇多天皇，生下一子。另一方面，基經並非宇多天皇的外戚，倘若廣相讓那名身為

皇子的孫子即位，就能夠以外戚之姿揮舞權力。所以基經想先發制人，讓廣相在政治中失勢。

不管怎樣，經過這次的阿衡紛議後，身為關白的基經更加鞏固了自己的政治地位。

使政敵菅原道真左遷至大宰府

宇多天皇在基經死後未立攝政和關白，而是重用擁有學者家世的菅元道真來對抗藤原氏北家。宇多天皇退位時，交代其子醍醐天皇必須重用菅原道真。因此菅原道真雖然只是中級貴族，卻得以爬上右大臣（相當於現在的副總理級別）之位。

此時期擔任左大臣的是基經的長男時平。時平為了排除政敵菅原道真，向醍醐天皇進讒「道真想讓他的女婿齊世親王即位。」天皇聽信此話，在901年**將道真降級為大宰府權帥，並調到位於九州的大宰府**（朝廷的駐外機構）。

藤原氏北家就這麼排除了「障礙」，再次強化自身權力。

遭到左遷的菅原道真不知道是不是因為此事大受打擊，於兩年後逝世，但身為道真政敵的時平也在年僅39歲時去世了。從那之後，各種天災人禍在皇室內層出不窮，甚至還發生閃電打到內裡劈死貴族的事件。對於這一連串災難，貴族都認為「道真成為了怨靈（雷神）」，為了慰藉他的靈魂，在九州與京都分別建立太宰府天滿宮與北野天滿宮。

道真因擁有學者家世且頭腦明晰，所以不知何時開始被當作學問之神祭拜，這個狀況也延續至今。

在冬嗣之後也繼續排斥他氏

讓我把話題拉回來吧。藤原氏北家的他氏排斥還沒結束。

時平的弟弟忠平繼任時平之位，繼續輔佐醍醐天皇（延喜之治）。醍醐天皇逝世後，忠平成為朱雀天皇的攝政與關白。雖然下一任的村上天

皇也是由忠平擔任關白，但他卻在數年後逝世，轉由忠平的長男實賴代替父親輔佐村上天皇（天曆之治）。

人們認為醍醐、村上天皇親政的延喜、天曆之治重建了律令政治，被後世譽為「聖世」。但那時藤原北家的勢力非常強大，傳說與實情存在相當的差異。

接下來冷泉天皇即位後，實賴於967年成為關白。相隔兩年，969年因源滿仲密告「左大臣的源高明企圖謀反」，高明被左遷至大宰府。這個事件被稱為安和之變，是藤原北家最後一次排斥他氏的事件。

在此之後，攝政和關白之位常設於朝廷，其職位被藤原北家所獨占。

就這樣，藤原氏北家的藤原冬嗣在嵯峨天皇時期受到重用後，沒有讓攝政、關白之位落入其他有力的貴族手中（除了沒有攝關職的時期），一代接一代不間斷地排斥他氏，獨占了權力。

Go
back

那麼，在藤原冬嗣抬頭之前，政治是由誰監督的？平安時代最初是由天皇親自執政嗎？

03　為什麼平安初期的天皇會親自司掌政治？

為了抑制在奈良時代興起的佛教勢力所帶來的弊害，必須強化天皇的權力。

害怕作祟而遷都

上一章節我們說明了平安末期的院政和在那之前的攝關政治。那麼再更之前的政治是由誰，以什麼形式監督的？

其實在平安初期，從實行遷都平安京的**桓武天皇到平城天皇、嵯峨天皇的時代為止，都是由天皇親自掌管政治**（親政）。讓我們在本章仔細閱覽吧。

784年，桓武天皇捨棄位於奈良的平城京，遷都到山背國的長岡京。離開長達七十多年的據點平城京，是為了切斷佛教干預政治帶來的弊害，並強化天皇的權力。

下一節將會詳述，**在奈良時代，只要佛教興盛就會興起可為國家帶來繁榮鎮護的思想，促使各國紛紛建立國分寺與國分尼寺，還在東大寺建造大佛，佛教的勢力急速成長**。基於上述原因，僧侶開始參與政治，道鏡甚至在稱德天皇時期展開了佛教政治。

所以桓武天皇故意不立左大臣（平時朝廷的最高職位），一邊抑制貴族與僧侶的勢力，一邊展開親政，積極進行政治改革。甚至決意拋棄平城京，遷都長岡京。雖然大寺院也想移至長岡京，但桓武天皇並沒有許可這些請願。

只是在那之後過了僅僅十年，桓武天皇就捨棄長岡京，**遷都平安京**。而遷都的理由，是因為長岡京二度遭到洪水襲擊，加上害怕早良親

第4章——平安時代～舊石器時代

王的怨靈作祟。

話題回溯至長岡京建造期間，建造新都的負責人藤原種繼遭到暗殺。

被逮捕的犯人是與早良有密切關係的人，而早良已出家成為僧侶，可知他和佛教勢力有很深的關係。再重述一次，**斷絕佛教勢力是遷都長岡京的原因之一**。所以桓武斷定早良和這次藤原種繼暗殺事件有所關聯，將他流放到淡路島。

但是早良主張自己無罪，並絕食抗議，最終在流放淡路島途中的船上死亡。早良死後不久，桓武之母高野新笠和皇后等人相繼死亡，就連皇太子安殿親王（之後的平城天皇）也得了原因不明的疾病。開始擔心的桓武遂請陰陽師占卜，得到「事發的所有原因都是因為早良怨靈作祟」的結果。

受到驚嚇的桓武向早良追贈諡號，並為他供養與掃墓。但是不祥的現象仍未緩解，因此桓武最終捨棄長岡京，遷都至新建的平安京。

為了遷都與平定蝦夷，增加了農民的負擔

桓武立坂上田村麻呂為征夷大將軍，命他投身蝦夷（住在東北地區不服從朝廷的人）平定事業。但晚年藤原緒嗣主張「遷都與軍事兩大事業讓民眾苦不堪言，應該中止計畫」，桓武也接受了這個進言。

確實，兩大事業讓農民疲憊不堪，荒廢的耕地擴大化，結果也是苦了朝廷財政。桓武為了減輕農民的負擔，將每隔六年的班田（分配給農民耕作的口分田）變更為十二年，雜徭（勞動稅）也從六十日減半至三十日，企圖藉此穩定農民的生活。

另外還廢止了徵兵制度（每三名成年男性就有一名會受到徵召的制度），並在792年改成募集擅長弓術與馬術的郡司（地方的有力者）子弟或是有力農民所構成的志願兵制度（健兒制）。

就這樣，**武斷進行制度改革的桓武，最後終止了兩大事業**，不久後於806年逝世。

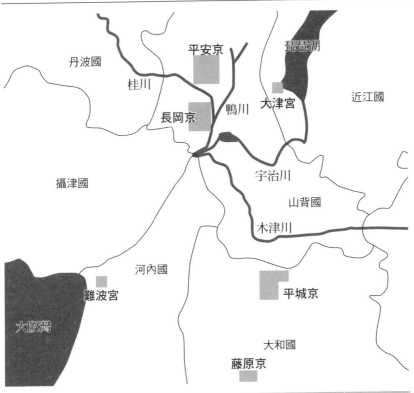

遷都年分	首都名稱	所在地（現代所在地）	遷都時的天皇
667	大津宮	近江國（滋賀縣大津市）	天智
694	藤原京	大和國（奈良縣橿原市、明日香村）	持統
710	平城京	大和國（奈良縣奈良市）	元明
744	難波宮（後期）	河內國（大阪府大阪市）	聖武
784	長岡京	山城國（京都府向日市、長岡京市、京都市）	桓武
794	平安京	山城國（京都府京都市）	桓武

▶ 選定平安京之前，遷都三番兩次在畿內上演。

桓武逝世後，其子安殿親王即位為平城天皇。他雖想進行政治改革，但因為疾病復發，僅僅在位三年就將皇位讓給弟弟嵯峨。

不過成為太上天皇（上皇）的平城很快就恢復健康，並與受他寵幸的藤原藥子和其兄仲成聯手企圖復位。雖然藥子是平城的岳母，但兩人實為男女之情的關係。

無論如何，平城上皇率領多數的貴族與官僚移至舊平城京，開始在那裡發布敕書，推動政事。就這樣，稱為「二所朝廷」的雙頭政治就此展開。而且平城還強烈要求嵯峨再次遷都平城京。

嵯峨天皇下定決心要與身為上皇的哥哥展開對決。810年捕殺了在平安京的藤原仲成。對此激怒的平城決定出兵伊勢，但在途中被嵯峨方的坂上田村麻呂擋住去路，失去戰意的平城回到平城京後決心出家。另一方面，藥子服毒自殺（平城太上皇之變、藥子之變）。

就像這樣，在律令制度確立一百年後的平安時代初期，佛教政治介入，發生了各種矛盾。

因此天皇才會發揮領導力親自推行政治改革，一一填補這些漏洞。

比方說，嵯峨天皇設立了以祕書官長藏人頭為頂點，稱之為藏人所的機構。

藏人所是天皇的左右手，負責將傳達詔勅與訴訟送至太政官的政治機密保持機構。而建立此機構的目的，是為了不要讓機密洩漏到平城上皇手中。

藏人頭由藤原北家的藤原冬嗣擔任。這也是後來藤原氏北家興起的契機。

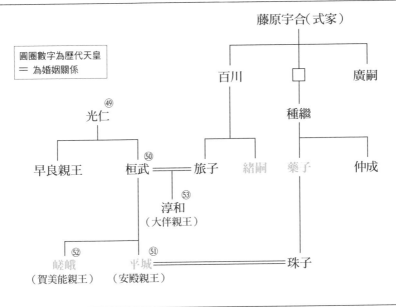

天皇家與藤原氏家的關係圖

圓圈數字為歷代天皇
＝ 為婚姻關係

藤原宇合（式家）

百川　　　　　　廣嗣

種繼

⑭⑨
光仁

早良親王　　桓武 ＝＝＝ 旅子　　緒嗣　　藥子　　仲成

⑤③
淳和
（大伴親王）

⑤②　　　　　⑤①
嵯峨　　　　平城 ＝＝＝＝＝＝ 珠子
（賀美能親王）（安殿親王）

▶因藥子之變，式家衰退，取而代之的是同為藤原氏的北家。

　為了維持都城的治安，還創設了名為檢非違使的警察機構。此後，一直以來的彈正台、刑部省、京職和六衛府等公務也變成由檢非違使執行，此機構開始設置於各國。

Go
back

那麼，為什麼在奈良時代，佛教會在政治上強大如斯，招致桓武天皇的反感？

為什麼在奈良時代，佛教會有那麼大的政治影響力？

> 因為叛亂不止以及律令制動搖，天皇想依賴佛教的力量。

致力興盛佛教的聖武天皇

710年，**元明天皇**遷都平城京，此後七十年我們稱為奈良時代。

這個時代導入了習自中國的律令制度（大寶律令、養老律令），並建立稅制與行政系統，訂下違反規定時會遭受的罰則。但律令制度本身就存在矛盾，所以施行後不久，日本的律令就開始動搖了。

根據律令制度，所有土地均為國家所有（公地公民），土地是國家借給人民的，朝廷也就當然要向平民徵收稅（租）金。但是，男性國民除了土地的稅金，還必須繳納各式各樣的稅，因此開始出現捨棄田地的平民。

當政者見狀便訂定了「耕種的土地在一定期間，可以成為個人私有物」的法律（三世一身法）。但事態未能好轉，因此聖武天皇在743年發布了墾田永年私財法。這是一條「新開墾的耕地可以作為私有地」的法律，與公地公民的思想有很大的出入。

雖然這可能是必要的措施，卻直接動搖了律令制度的根基（第236頁）。

另一方面，佛教在這個時代興起，成立了稱為南都六宗的六個學派（三論、成實、法相、俱舍、華嚴、律）。很多貴族與皇族都選擇信奉佛教，特別是聖武天皇也在佛教興隆上注入不少心力，據說光明皇后所帶來的影響也不容小覷。皇后一直都由皇族擔任，而光明皇后是第一個從家臣（藤原氏）身分爬上此位的女性。據說她創設了收容孤兒與病人的悲田院，和專門治療與施藥給病人的施藥院。

740年由藤原廣嗣在九州大宰府所發起的叛亂，是日後聖武天皇篤信佛教的契機。當時由橘諸兄輔佐聖武天皇的政治，廣嗣卻要求排除橘諸兄的智囊吉備真備與玄昉。

雖然聖武天皇立刻派遣軍隊鎮壓叛亂，但不知為何他離開了平城京，陸續造訪了山背國的恭仁京、攝津國的難波京和近江國的紫香樂宮等，輾轉各地。這個時期除了藤原廣嗣之亂外，還發生了天災與疫病流行，當時認為這些可能都是導致聖武天皇精神不穩定的原因。

在中國有**發生叛亂與天災是因為當政者太差勁的思想**，其實，當時已有只要佛教興盛，世間就會迎來和平的鎮護國家思想，聖武天皇也相信此說法。他對自己的治世之亂深感自責，所以在741年命令全國各地**建立國分寺、國分尼寺**。743年更發布了盧舍那大佛建立之詔，開始鑄造預定安置在紫香樂宮的盧舍那佛（大佛），不過後來移至平城京了。就這樣到了752年，東大寺大佛完工。

因為擅自成為僧侶的人太多，所以聖武天皇授與佛教戒律，構築成為正式僧侶的制度。他還派遣榮叡、普照等人到大唐，也讓大唐高僧鑑真專程來到日本。從此之後，想成為僧侶的人都必須在東大寺的戒壇院接受鑑真受戒。

受天皇寵幸，僧侶介入政治

756年聖武天皇去世後，掌握實權的藤原仲麻呂（南家的武智麻呂之子）在孝謙天皇（聖武的女兒，女性天皇）的率領下管理政務，因為仲麻呂獲得了姑姑——也就是天皇的生母光明皇太后的信任。

758年，孝謙天皇接受仲麻呂等人的建議，讓位給大炊王（淳仁天皇）。因為孝謙既未婚又沒有兄弟姊妹，而大炊王是與孝謙擁有輕微血親關係的皇族。

在這樣的背景下，成為上皇（太上天皇）的孝謙開始寵幸曾為她治病的僧侶道鏡。仲麻呂對此感到危機，於是透過淳仁對孝謙勸告。但孝謙

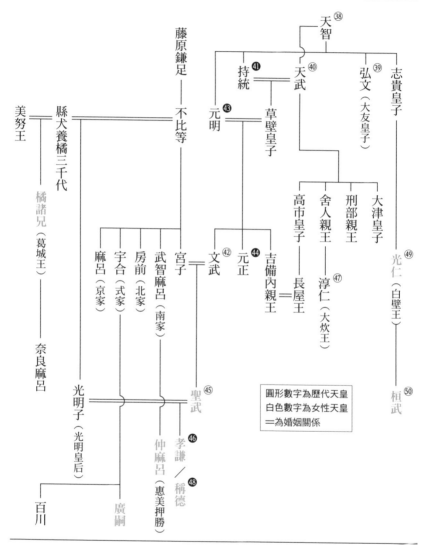

圖形數字為歷代天皇
白色數字為女性天皇
＝為婚姻關係

▶ 稱德天皇之後，皇統為天智系所占，直到江戶時代為止再也沒有出現女性天皇。

因此憤怒，表示「從此之後的天下大事由我親自執掌，天皇只要負責小事就好。」發出政權奪還宣言。焦急的仲麻呂因此發起叛亂（惠美押勝之亂），但被擊敗且失去性命。淳仁則被迫退位，流放至淡路島。

孝謙復辟成為稱德天皇，任命道鏡為太政大臣禪師，甚至還立他為法王，讓他施行佛教政治。因此佛教得以深入介入政治。此外，因稱德天皇和道鏡彼此相愛，所以高齡且未婚的稱德天皇開始想著要把皇位讓給道鏡。

剛好在此時，從九州的宇佐八幡宮傳來了「如果讓道鏡成為天皇，世間將會迎來和平」的神諭。高興的稱德為了確定真偽，在769年派遣和氣清麻呂前去確認。但是清麻呂卻帶著「排除道鏡吧」的神諭回來。雖然憤怒的稱德將清麻呂流放到大隅國，但道鏡也因此失去野望。隔年稱德天皇逝世，道鏡跟著失勢，被左遷到下野國的藥師寺擔任別當。

稱德天皇沒有近親，所以實力者藤原百川（式家出身）等人讓天智天皇高達62歲的孫子白壁王即位，也就是之後的光仁天皇。**皇統也因此從天武天皇系轉移到天智天皇系。**

繼承光仁天皇的是其長子桓武天皇。如前所述，他為了消除佛教干預政治所帶來的弊害而決定遷都。

回首這段歷史，可以發現奈良時代因律令制度動搖，各地爆發叛亂，所以天皇等統治者選擇了依靠佛教。

那麼，為什麼大和政權要採用律令制度來整頓國家？

05 為什麼大和政權想要發展律令制度？

因為出現稱為隋和唐的強大統一國家，產生了必須
應對變化的需求。

與隋締結平等的國交

587年，蘇我馬子打倒物部守屋掌握了朝廷實權，並擁立崇峻天皇。但是不久後與崇峻對立，於是暗殺了崇峻，並在592年讓自己的外甥女推古天皇（第一位女性天皇）即位。以時代區分來說，此事發生在飛鳥時代初期。

大約在這個時期，支配中國北方（北朝）的隋達成了時隔三百年的統一。鄰國巨大國家的誕生大大動搖了東亞，讓改革一事變得至關重要。

因高句麗、新羅與百濟陸續與隋建交，推古天皇在600年也派出遣隋使。但因日本使者傳述「倭王以天為兄，以日為弟」等意義不明的話而遭到隋文帝責備，致使外交失敗。

三年後，推古於603年創設**依個人才能和功績授與官位的冠位十二階**，更於隔年制定**要求豪族與官僚保有其自覺的憲法十七條**。也有一說表示以上行動是反省了當時外交失敗，因而模仿大隋的國家制度。無論如何，日本於607年再次派遣小野妹子擔任遣隋使，並遞交寫著「日出處天子致書日落處天子無恙」云云的國書，希望藉此與隋平等締結國交。

雖然閱讀此信的隋煬帝感到憤怒，但還是派遣裴世清為答禮使前往日本。也就是說，隋國認可了平等的國交關係。當時的隋正在策畫遠征高句麗，所以不想與日本的關係惡化。

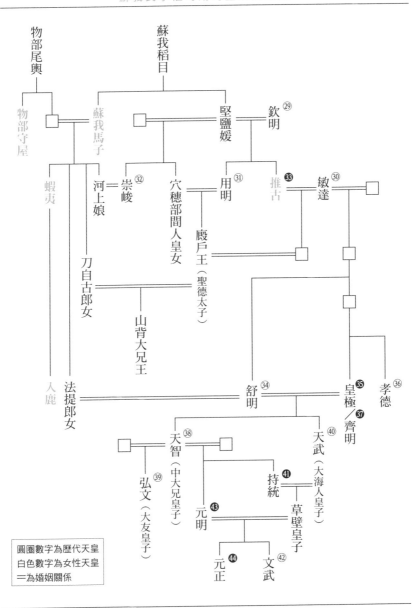

圓圈數字為歷代天皇
白色數字為女性天皇
＝為婚姻關係

▶蘇我氏的掌權時期，發生山背大兄王被入鹿逼至自殺等事。

不久後隋滅亡，大唐建國，朝廷開始定期派遣遣唐使。**整頓好律令，達成中央集權化的唐開始進攻高句麗，日本也因此發現以律令制確立中央集權的必要性。**

蘇我氏滅亡，開始朝向中央集權體制

但如開頭所說的，當時蘇我氏的勢力大到甚至壓制了天皇家。在這樣的背景下，中臣鎌足為了建立以天皇為中心的中央集權體制，與中大兄皇子（皇極天皇之子）聯手討伐蘇我入鹿，逼迫入鹿的父親蝦夷自殺，消滅了蘇我氏（乙巳之變）。

朝廷的人事立刻有了替換，孝德天皇即位，中大兄皇子成為皇太子，並設置左大臣、右大臣、內臣以及國博士等新的職務分擔制度。

此外，還參考大唐定下新年號「大化」，從飛鳥遷都至難波的柄豐碕宮（難波宮）。孝德天皇在隔年646年正月元日發布改新之詔，開啟政治改革（大化革新）。

詔書中的內容包含廢止私有地與私有民，改成公地公民制；制定國、郡、里的行政區畫，任命地方官員；製作戶籍與計帳，實施班田收授法和統一稅金制度等。

成立律令制度

663年中大兄皇子回應了遺臣希望復興百濟的請求，讓朝廷軍渡海，**但遭到新羅和唐的聯軍而大敗虧輸**（白村江之戰）。中大兄深信敵人將會渡海攻來，所以投入巨資堅固各地的防禦體制，無視貴族的反對從飛鳥遷都至近江國的大津。遷都到這裡的原因，是因為在琵琶湖附近的話，敵人殺過來時可以馬上逃亡。

668年中大兄皇子即位成為天智天皇，同年完成近江令，雖然內容並未傳承下來，但這是以中臣（藤原）鎌足為中心所編纂的最初之行政法。隨後在670年編制了庚午年籍（最初完成的全國性戶籍）。就這樣，國

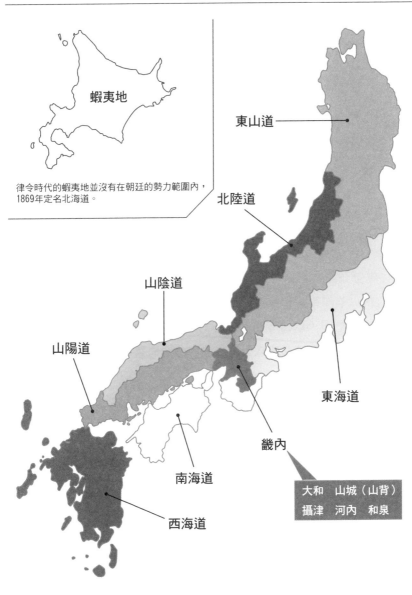

蝦夷地

律令時代的蝦夷地並沒有在朝廷的勢力範圍內，
1869年定名北海道。

東山道

北陸道

山陰道

山陽道

東海道

畿內

南海道

西海道

大和　山城（山背）
攝津　河內　和泉

▶ 因畿內分為五國，道路分為七條，因此被稱作「五畿七道」。

內的律令制度逐漸完整。

天智天皇逝世後，隔年672年大海人皇子（天智天皇的兄弟，大友的叔叔）對繼任皇位的大友皇子近江朝廷舉兵（壬申之亂）。天智強硬的政治風格引發不少貴族不滿，使得大海人皇子贏得這次勝利。

翌年，大海人皇子於飛鳥淨御原宮即位，是為天武天皇。以武力獲得權力的天武，不立大臣，讓皇后與皇子來處理政務，這稱為皇親政治。

684年制定新的姓制（八色姓），藉此重建以天皇為中心的身分秩序（氏姓制度），此制將豪族規定為支撐天皇的官人（官僚）。

天武天皇逝世後，皇后（天智天皇之女）即位，是為持統天皇。持統在689年施行飛鳥淨御原令，在隔年完成庚寅年籍。694年遷都藤原京。藤原京參考唐都長安，首次在日本宮殿周圍設置條坊（以縱橫整齊的方式將道路劃分為棋盤式街道）的巨大帝都。

701年頒布大寶律令。這是最初成套律法（刑法）的完成版，是文武天皇時代以刑部親王和藤原不比等為中心所編纂的律令。

因為這些整備，**以律令為基本治理法則的系統，也就是所謂的律令制度得以確立，終於完成以天皇為頂點的中央集權官僚體制。**

＊真人、朝臣、宿禰、忌寸、道師、臣、連、稻置。

**Go
back**　那麼，在律令制度完成之前，是採取什麼樣
　　　　的統治型態？

06　在隋與唐出現之前的大和政權 採取何種統治型態？

> 以畿內豪族為中心的聯合政權。

古墳到大和政權的成立經過

如前文所述，因隋、唐誕生所帶來的外部壓力，讓大和政權透過建立律令，打造以天皇為中心的集權國家一事變得刻不容緩。那麼，在此之前的政權採取了何種統治型態？

本章節將會回溯至日本最初的全國政權 —— 大和政權的誕生。以時代區分來說，這是發生在古墳時代的事。

大和政權的起源與全國化，可以從古墳（前方後圓墳）廣大的規模中領會。

所謂古墳，指的是有巨大墳丘的豪族墳墓。3世紀中葉，這些古墳開始出現在近畿到瀨戶內海沿岸。

特別是大規模的前方後圓墳，基本上都集中在近畿的大和川附近。我們可以由此推測，曾經有強大的豪族在這一帶生活，並以聯合體的形式使大和政權逐漸成形。到了4世紀中葉，前方後圓墳開始出現在關東到九州北部，我們可以推測這是大和政權推行全國統一政策後所帶來的結果。

進入5世紀後，巨大的前方後圓墳群在大阪平野現身。其規模之龐大，並非之前發現的古墳所能比擬的。陪葬品如武器、武具及馬具的數量遠超前例，陪葬者的特徵也較有武人的性格，反映出大和政權以武力統一全國的實情。

此時期的古墳中，規模特別巨大的是被指定為世界遺產的百舌鳥古墳群（堺市）中的大仙陵古墳（仁德天皇陵），和古市古墳群（藤井寺市、羽曳野市）中的譽田御廟山古墳（應神天皇陵）。

中國大陸文化與技術的傳入

成為全國規模的大和政權，接下來將拓展目標放在朝鮮半島上。

4世紀的中國，是華北五胡十六國，與江南的宋等四國同時面臨興亡的南北朝時代，中國對周邊各國的影響力正在逐漸弱化。在此背景下，高句麗（中國東北部到朝鮮北部的國家）逐漸成為強國，並開始南下半島。另一方面，半島南部西有百濟，東有新羅，南有伽耶（加羅）。其中伽耶比起說是國家，更像是小國的聯合體。大和政權為了**吸收農業、土木及建築等手工業技術與鐵礦等資源**，將勢力拓展至伽耶，並與百濟交好，不時與南下而來的高句麗交戰。

5世紀時倭（大和政權）五王（讚、珍、濟、興、武）為了對抗高句麗，向中國的南朝（主要是宋國）朝貢，希望藉此獲得朝鮮南部支配權的認可。

大和政權在擴大支配版圖的同時，也整備了統治系統。

具體而言，是以大王（後來的天皇）為頂點，然後再以大和、河內（奈良縣、大阪府）周邊的豪族為中心確立的氏姓制度。這個系統，讓大王對稱為氏的豪族血親集團，依據其家世和職務賜予臣、連、君、直等分別代表不同地位與身分的姓，並依此分擔政權的政務。

最高的職位叫做大臣、大連，臣姓與連姓會由中央的有力豪族擔任，以此輔佐大王政治。在大臣與大連之下，有一個稱為伴造，由豪族擔任的職位。此職負責祭祀與軍事等特定職務，並帶領稱為品部、伴的官人與技術者集團。被賦予君、直、首等姓的地方豪族則擔任國造與縣主，負責地方的支配。**以現代來講，可以說大臣、大連就是總理大臣，伴造是國務大臣，國造則是知事的定位。**

在這個古墳時代，從大陸與朝鮮半島來日的渡來人眾多，因此最新

的學問與技術也一併被帶過來。優異的養蠶與織機技術、漢字、儒教、佛教、須惠器（利用窯燒的硬質土器）、醫療、易經以及曆法等也是在這個時期傳入的。

佛教對不久後的日本造成了莫大影響。欽明天皇時期，538年百濟的聖明王帶來教典與佛像。對於佛教的受容，豪族之間分裂成崇佛派的蘇我稻目與排佛派的物部尾輿，此時物部氏的軍備正逐漸壯大，所以欽明天皇只被許可不以官方崇佛，蘇我氏也只能以個人名義信仰佛教。

之後換蘇我氏在朝廷掌握實權時，則出現了國家規模的佛教信奉。 如同大家所看到的，佛教在後來為政治與文化帶來了巨大影響。

就這樣，從畿內豪族聯合體開始的大和政權，將支配地域擴大至全國，同時整頓了統治體制。

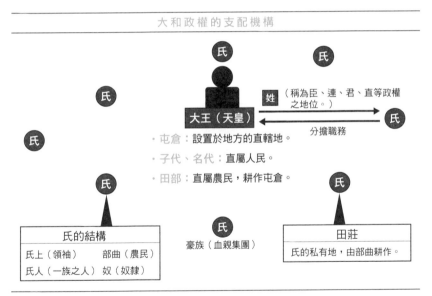

大和政權的支配機構

大王（天皇）

姓（稱為臣、連、君、直等政權之地位。）

分擔職務

· 屯倉：設置於地方的直轄地。
· 子代、名代：直屬人民。
· 田部：直屬農民，耕作屯倉。

氏的結構	
氏上（領袖）	部曲（農民）
氏人（一族之人）	奴（奴隸）

豪族（血親集團）

田莊
氏的私有地，由部曲耕作。

▶ 大王給予豪族政權地位，同時讓他們承擔政權職務。

Go
back

那麼，豪族的聯合國家是如何形成的？

07 為什麼會出現由豪族組成的聯合政權？

 在彌生時代，小國雖然為了土地與灌溉設施不斷鬥爭，但也因此促成統合。

因爭奪田地而形成聚落

大和政權是豪族的聯合政權，換言之，原本豪族都各自擁有自己的國家（小國）。本章節將會解說這部分。

彌生時代的日本興起許多小國（kuni）。**此時，於繩文末期傳入的水稻耕作（稻作）開始在日本社會傳播開來。**原本還是狩獵採集的社會，因為轉變成農耕社會的關係，出現了灌溉設施、農田與可以長時間保存的米穀等產物。

特別是農田與灌溉設施，要完成這兩項是非常消耗勞力的大工程。為了爭奪這些東西，開始爆發爭奪戰。各村為了防衛入侵者，出現了以濠溝包圍聚落的環濠集落，以及在山頂和丘陵築起的高地性集落。為了在戰爭中獲勝，也開始使用鐵劍、鐵鏃、石劍與石鏃等高殺傷性武器。

記錄這些日本最初姿態且殘留至今的文獻，可追溯至西元前1世紀。中國的《漢書・地理志》便有當時日本樣態的相關記載。

根據同文獻，可以得知此時期的日本被稱作「倭」且分割成百餘國，這些小國對屬於漢朝直轄地的朝鮮半島樂浪郡（西元前108至313年）有定期朝貢。

接下來的《後漢書・東夷傳》記載著西元57年，倭的奴國向東漢光武帝派出使節，並從光武帝獲得代表認可奴國之王為臣下的王印。

順帶一提，這個金製王印在1784年於筑前國志賀島（福岡市）被發現。印上刻有「漢委奴國王」，確定了當初奴國就位於福岡縣博多灣沿岸一帶。107年倭國王帥升等人進貢160名生口（奴隸）給漢安帝。

像這樣，日本小國的國王為了擴大自國勢力，利用了漢等中國王朝的權威。

女王支配的邪馬台國成立

此後，日本在147年到189年間爆發了一場稱為倭國大亂的大戰。

據《魏志倭人傳》（《魏書‧東夷傳》倭人條）記載，到了3世紀前半（彌生時代後期），日本成立了以卑彌呼為女王的三十個小國聯合體──邪馬台國。

卑彌呼會使用鬼道（咒術）支配民眾，讓弟弟輔佐政治。她未婚且高齡，住在有城柵和櫓守備的宮殿，從未在民眾面前現身。邪馬台國有分成王、大人（貴族）、下戶（庶民）及生口（奴隸）的階級制度，也存在租稅和刑罰的制度。婚姻型態為一夫多妻制，且有在身體紋身的習慣。

239年，卑彌呼派遣難升米到曹魏。據推測，目的是為了對抗敵對的狗奴國。魏明帝則給予卑彌呼「親魏倭王」的稱號與金印和銅鏡一百枚。

約十年後，卑彌呼逝世，這次由男性即位邪馬台國之王，但是再次爆發內亂，最後由卑彌呼一族的女性壹與（臺與）即位。雖然她還是名年僅13歲的少女，卻成功安定了國內。

邪馬台國是在畿內，還是在九州？

然而，《魏志倭人傳》的記述過於曖昧，無法確定邪馬台國的所在地。其中比較有力的學說為畿內（大和）說和九州說。

根據畿內說，大和政權就是邪馬台國強大化之後的產物。九州說則有兩種說法，一種是邪馬台國單純以一地方政權結束了政權生涯；另

一個是政權生涯結束後，移動到九州成為大和政權。

　　纏向遺跡中的箸墓古墳相傳為卑彌呼之墓。近年來在箸墓古墳中發現了數個卑彌呼時代的遺蹟和遺物，讓此地以邪馬台國的候補地而受到關注。

　　無論如何，因3世紀前半出現的三十個小國的聯合體，所以日本列島在此時期急速地朝統合邁進（雖然也有邪馬台國就這樣直接發展成大和政權等諸多說法），並打下誕生強大聯合政權的基礎。

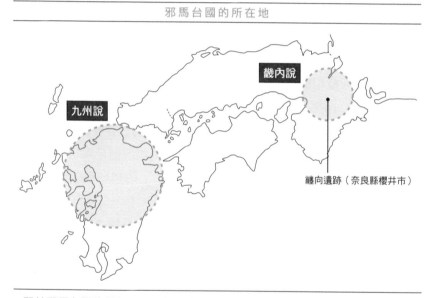

邪馬台國的所在地

幾內說

九州說

纏向遺跡（奈良縣櫻井市）

▶關於邪馬台國的所在地，以九州說和畿內說為首的論爭到現在也依然持續。

Go
back

那麼，在此之前的人們過著什麼樣的生活？

08 在水稻耕作擴展之前，人們是如何生活的？

 土器發明之後，繩文人便開始過著豐富的狩獵採集生活。

農業技術進展之前的生活

從朝鮮半島渡來北九州的集團，在繩文時代晚期（西元前5至4世紀左右）傳入了水稻耕作（稻作）。到了彌生時代，稻作已經普及至西日本。一個新時代在此開啟，即彌生時代。

但是，彌生前期的稻田是以在低溼地製作簡易灌溉設施的小田（溼田）為主，農具是木製的，以石刀收割，然後將割下的稻放入土器中，再置於儲藏穴或高床倉庫保存。

到了中期，鐵器漸漸普及。原本的石刀換成鐵製鐮刀，並出現磨利前緣的鐵鍬。土木技術也逐漸進步，在微高地設置了水路與堰等灌溉設施。

因為農業技術的發展，**收穫量增加也理所當然帶來了人口增加，聚落的規模隨之擴大。接著，村與村之間圍繞土地、灌溉設施和收成的鬥爭愈來愈激烈，於是小國開始一個接著一個誕生。**

那麼，在水稻耕作導入之前，人們過著何種生活？

一言蔽之，就是**狩獵採集生活**。

以時代序列來說，此時期為繩文時代，這個時代的名稱，是以當時土器上的繩結紋路為由來。

土器登場改變了繩文時代人們的生活。他們得以炊煮食物，也可以去除澀味使其更容易下嚥，讓飲食習慣變得豐富多彩。

此外，諾氏古菱齒象與大角鹿等大型獸類因全球暖化而滅亡，為了更容易捕捉中小型動物，人們發明出了弓箭。石器也隨之進化，開始使用研磨過後變得更加鋒利的磨製石器。

繩文人會以20至30人的規模組成一個集團，過著定居式的生活。最常見的住居類型為豎穴住居，是挖掘地面後在正中央設置一個爐子並鋪上屋頂的半地下式住居。但是，其中也有細長型的巨大居住遺跡，所以也有住居是類似公寓的集合住宅一說。此外，居住於平地的人們有逐漸增加的傾向。

關於食物方面，可以發現比起動物性蛋白質，攝取植物性蛋白質的傾向壓倒性的多。他們以橡果、栗子及日本七葉樹等樹果為主食，在青森縣三內丸山遺址的繩文前期遺跡中，就發現人工栽培栗子的痕

繩文土器主要的變遷與特色

草創期

較多方形平底與圓形圓底的樣式，多用於炊煮。繩紋的圖樣逐漸多樣化。

前期

隨著土器逐漸大型化，平底樣式也跟著普及。除了用於炊煮之外，也開始用來保存食物。

後期

開始對應用途製作各式各樣的款式，且有小型化傾向。繩紋圖樣也逐漸變得簡約。

晚期

東日本的器種朝多樣化發展，並出現許多精巧的紋樣。另一方面西日本的器種卻逐漸減少。

▶ 隨著時代遷移，土器的用途跟著多樣化，進而衍生出各式各樣的器種。

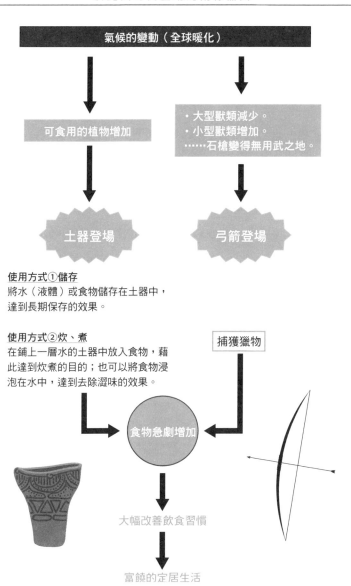

氣候的變動（全球暖化）

可食用的植物增加

* 大型獸類減少。
* 小型獸類增加。
* ……石槍變得無用武之地。

土器登場

弓箭登場

使用方式①儲存
將水（液體）或食物儲存在土器中，達到長期保存的效果。

使用方式②炊、煮
在鋪上一層水的土器中放入食物，藉此達到炊煮的目的；也可以將食物浸泡在水中，達到去除澀味的效果。

捕獲獵物

食物急劇增加

大幅改善飲食習慣

富饒的定居生活

▶ 兩樣器具出現，讓日本於繩文時代的人口開始增加。

跡，也已確知當時有小米、稗子、紫蘇與豆類等等的原始農耕。

因繩文時代的垃圾場 —— 貝塚，我們才能得知當時人們的飲食習慣。在層層堆疊的貝殼中，可以發現食物的殘渣。順帶一提，第一位在日本發現貝塚的人，是在明治時代來日的美國動物學家愛德華・摩斯。

繩文時代的通過儀禮與埋葬

繩文人的風俗與現代人相差甚遠。

有些繩文人會有意圖地把牙齒拔掉，或是將牙齒改造成有如叉子形狀的叉狀研齒。雖然拔牙被認為是當時的通過儀禮之一，但從陪葬品的數量可以看出擁有叉狀研齒的人可能是立於領導者地位的人。話雖如此，與彌生時代相比，此時的身分差距並沒有太明顯，還算是個平等的社會。

埋葬方面，以彎曲身體進行埋葬的屈肢葬為主流。關於其中原因，較有力的說法是為了讓死者的靈魂不要出來搗亂，所以才讓死者保持該姿勢。但其實也存在可能是模仿胎兒姿勢，或是因挖掘大洞太過麻煩才讓死者呈彎曲姿勢等說法。

被認為在此時期製作的土偶（用土做的人偶）也有不少出土，這些土偶幾乎都呈懷孕女性的姿態，據推測是用來祈禱獵物增加與子孫繁榮。

無論如何，始於距今一萬三千年前的繩文時代，沒有戰爭且氣候溫暖也有足夠的糧食，人們過著相對富饒的生活。

Go back

那麼，住在日本列島的人在土器發明之前，是過著什麼樣的生活？

09 在土器被發明出來之前，人們過著何種生活？

只使用打製石器，少數人一邊移動一邊靠採集狩獵為生。

人類的祖先 —— 智人

前文已經說明，居住在日本的人其生活因土器的發明而改變。那麼，在土器登場之前，人們過著什麼樣的生活？說起來，生活在日本列島的人是何時現身的？追根究柢，人類是從什麼時候出現在地球上的？

目前認為最遠古的人類，是在非洲中部查德發現的人骨化石查德沙赫人（圖邁），大約有七百萬年歷史。但查德沙赫人並不是我們的直接祖先，而是名為人猿的生物。

之後，人類以直立人、早期智人、智人的順序出現，被認為是人類祖先的智人，大約在十萬年前登場（存在不同說法）。早期智人與智人同時存在了一段時間，例如早期智人尼安德塔人，就生活在距今三萬年前，也判明有和智人混血的現象。

關於日本列島開始有人居住的時期，直到戰前都一直被認為是繩文時代。但從1946年相澤忠洋發現的岩宿遺跡（群馬縣）中，判明了日本列島上曾有舊石器時代人類的存在。

從那之後，日本人類的起源不斷地被往回推，一時之間還發現了六十萬年前的舊石器時代遺跡，但之後這些古代遺跡都被發現是由同一個人偽造出來的。雖然也調查了舊石器時代的明石原人、葛生人、三日人等人骨化石，但因為上述事件所帶來的可疑性，讓這些化石的真實性遭到否定。

雖然目前日本國內最古老的舊石器時代遺跡可以回溯到十萬年前，但可信度最確實的還是三萬至四萬年前的遺跡。

　　沖繩縣擁有豐富的石灰岩鹼性土壤，幾乎所有人骨化石都發現於此。其中以推定三萬二千年前的山下町洞人（發現於沖繩縣那霸市山下町）最為古老，出土的有小孩大腿骨與下顎骨；約一萬八千年前的港川人（發現於沖繩縣島尻郡具志頭村）則有完整的男女人骨出土。不過近年在沖繩縣石垣島的白保竿根田原洞穴遺跡，發現數具比前者更古老且保留全身骨骼的人骨，還成功驗出了DNA，判定其年代約為一萬八千年至二萬七千年前。

舊石器時代人的生活

　　舊石器時代人還不會使用金屬，而是使用打製石器。他們以十人左右的小集團狩獵諾氏古菱齒象或大角鹿等獵物，會為了尋找獵物而持續移動。所以住居不是洞穴，就是類似帳篷的簡易避難所。

　　當然不是每天都能獵到獵物，所以應該也會採集樹果、球根類和葉菜類的植物類食物來果腹。順帶一提，狩獵與採集使用的打製石器，大致上分成四種。

　　首先是打製石斧（握槌、握斧、手斧）為打擊用的獵具。接下來是刀形石器，如同字面，是用來切斷獵物的工具，也是舊石器時代後期登場的東西。

　　同時期出現的還有尖頭器，前端部分銳利，有突刺的功能，可以裝置於石槍前端使用。最後是細石器。為3至4公分小而銳利的石器，使用方法是鑲進木頭或骨頭製成的槍尖兩側，於舊石器時代的後期尾聲登場。像這樣，打製石器的種類可以用來判斷時期。

　　這個時期的氣候寒冷，**日本列島與中國大陸還是彼此相連的狀態，所以可以推斷人類是以陸路從中國來到日本列島。**

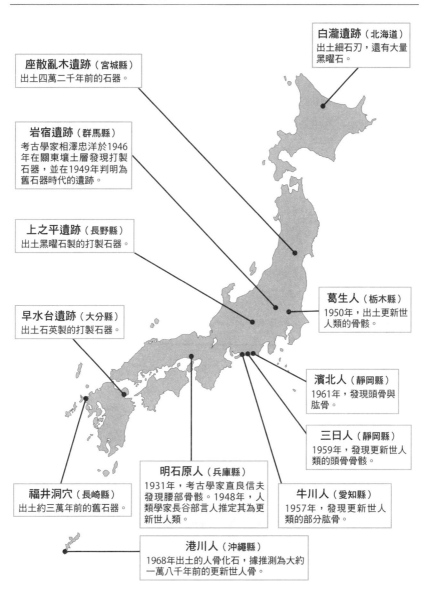

白瀧遺跡（北海道）
出土細石刃，還有大量黑曜石。

座散亂木遺跡（宮城縣）
出土四萬二千年前的石器。

岩宿遺跡（群馬縣）
考古學家相澤忠洋於1946年在關東壤土層發現打製石器，並在1949年判明為舊石器時代的遺跡。

上之平遺跡（長野縣）
出土黑曜石製的打製石器。

葛生人（栃木縣）
1950年，出土更新世人類的骨骸。

早水台遺跡（大分縣）
出土石英製的打製石器。

濱北人（靜岡縣）
1961年，發現頭骨與肱骨。

三日人（靜岡縣）
1959年，發現更新世人類的頭骨骨骸。

明石原人（兵庫縣）
1931年，考古學家直良信夫發現腰部骨骸。1948年，人類學家長谷部言人推定其為更新世人類。

牛川人（愛知縣）
1957年，發現更新世人類的部分肱骨。

福井洞穴（長崎縣）
出土約三萬年前的舊石器。

港川人（沖繩縣）
1968年出土的人骨化石，據推測為大約一萬八千年前的更新世人骨。

▶ 北至北海道，南至沖繩都發現了舊石器時代的遺跡和遺物。

古代的外交

　　在統一國家的大和政權成立之前，日本一直與中國保有外交關係。最古老的紀錄是《漢書・地理志》。西元前 1 世紀的彌生時代，倭國（日本）處於小國分立狀態，其中有向漢朝殖民地樂浪郡派遣使者的小國，企圖藉此拉高自國的地位。3 世紀時，邪馬台國女王卑彌呼向曹魏派遣了使者。

　　到了 4 世紀，平定日本的大和政權為了尋求鐵礦資源，開始將勢力拓展至朝鮮半島南部的伽耶諸國。半島南部除了伽耶，還有百濟與新羅等國家。另一方面，從中國東北部興起的高句麗消滅了樂浪郡，將勢力拓展到半島北部。因利害關係導致日本和高句麗時常發生衝突。因此 5 世紀時，五位天皇為了牽制高句麗而向中國南朝朝貢。所謂朝貢，就是帶著貢品謁見中國皇帝。根據中國史書，他們分別被稱為讚、珍、濟、興、武。濟、興、武分別被推定為允恭天皇、安康天皇和雄略天皇。

朝鮮半島的情勢與倭之五王

圓圈數字為歷代天皇

```
                    ⑯
                  仁德（讚？）
         ┌──────────┼──────────────────┐
        ⑰          ⑱                  ⑲
     履中（讚？）  反正（珍？）        允恭（濟）
                           ┌──────────┼──────────┐
                          ⑳                      ㉑
                       安康（興）              雄略（武）
```

▶ 日本與朝鮮半島南部諸國因伽耶呈敵對關係。

推古天皇轉變了朝貢外交的情勢。600年，推古雖派遣遣隋使但沒有成功建交，卻因此建立了冠位十二階、憲法十七條等國家制度；607年再次派遣小野妹子到隋煬帝身邊進行建交。其國書上寫道「日出處天子致書日落處天子」，表明想以對等身分進行外交。隋煬帝雖然憤怒，但因遠征高句麗的計畫有必要與日本保持友好關係，在無奈下受理此封國書，並派遣了答禮使。

順帶一提，小野妹子於隔年再度赴隋，同行者有高向玄理、南淵請安和僧旻。他們回國後，都在大化革新中扮演著重要角色。

大和政權（朝廷）為了在隋滅唐起後也可以繼續引進大陸先進的知識與制度，所以不斷派遣遣唐使。從630年犬上御田鍬成為最初的遣唐使渡海，一直到894年因菅原道真的建議方才中止，總共派遣了二十多次遣唐使，為國家制度與文化發展作出了重大貢獻。

雖然在那之後，日本朝廷不再向中國派遣使者傳送國書進行官方國交，但宋的商人會為了交易來到博多，日本的僧侶也會渡海至中國，民間的交流依然非常繁榮。

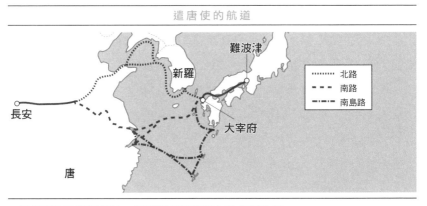

遣唐使的航道

難波津
新羅
長安
大宰府
唐

⋯⋯⋯ 北路
― ― ― 南路
―‥―‥ 南島路

▶ 與新羅為敵對關係時，經新羅的路線就無法發揮作用。

古 代 的 文 化

　　繩文文化、彌生文化、古墳文化分別在各時代發展出其獨特的文化。於7
世紀開花的飛鳥文化則是日本最初的佛教文化，在這之後的古代文化皆深受
佛教影響。

　　飛鳥文化的代表作有現藏於法隆寺的釋迦三尊像、百濟觀音像和玉蟲廚
子；中宮寺與廣隆寺的半跏思惟像所展露的古拙微笑也非常具有魅力。

　　受初唐文化影響的白鳳文化於7世紀興起，年輕且充滿活力為其特色。其
中藥師寺東塔擁有非常優秀的平衡比例與對稱美感；描繪在高松塚古墳上的
高彩度壁畫也相當華麗。比較可惜的是法隆寺金堂壁畫在戰後遭到燒毀。藥
師寺金堂藥師三尊像是現存最古老的金銅像之一。

　　8世紀中葉的天平文化在聖武天皇名為鎮護國家的佛教振興政策下綻放。
是受盛唐影響的高度貴族性文化，東大寺巨大的盧舍那佛可以說是此文化的
象徵。另一特色為富有國際色彩，從藏於正倉院的烏毛立女屏風和螺鈿紫檀
五絃琵琶等文物中可以窺見西亞、印度與波斯的影子。

　　弘仁、貞觀文化是在桓武天皇遷都平安京後，由不滿於原佛教的最澄與空
海從大唐導入密教所帶來的影響，讓人們感受到開拓新時代洪流之力的文
化。雕刻方面，只以一棵巨木雕出佛像的一木造興盛一時，代表性佛像為神
護寺和元興寺的藥師如來像。此外，因密教的影響也出現許多描繪佛教世界
的曼荼羅和加持祈禱用的不動明王畫像。

　　接下來的國風文化，是在藤原氏的攝關政治固定化後的10世紀後半發展
出來的，因此別名藤原文化。

　　這是消化了遣唐使帶回的中國文化，再以日本獨有的性格精煉而出的文化。

從漢字變形的假名文字開始被廣泛使用也是在這一時期。具代表性的文物有平等院鳳凰堂、《源氏物語》和《枕草子》。貴族之間開始流行淨土信仰，出現許多阿彌陀如來像，例如法界寺的阿彌陀如來像。

　　11世紀後半，阿彌陀信仰廣布全國，地方豪族開始接二連三蓋起中尊寺金色堂和白水阿彌陀堂等富麗堂皇的阿彌陀堂。此時中央的貴族文化初次播及到了地方，這正好與院政時期重疊，所以也稱為院政期文化。

關於古代的五個文化

文化名	特徵	代表性事物	
飛鳥文化	以首都所在地飛鳥為中心綻放的文化。	<建築、雕刻> 飛鳥寺（法興寺）、四天王寺、法隆寺、中宮寺、釋迦三尊像、半跏思惟像	<工藝> 玉蟲廚子、天壽國繡帳
白鳳文化	在律令國家的形成期興起，充滿活力的文化。	<建築、雕刻> 藥師寺東塔、山田寺佛頭 <工藝> 藥師寺金堂藥師三尊像、興福寺佛頭	<繪畫> 高松塚古墳壁畫、龜虎古墳壁畫
天平文化	以貴族為中心，華麗又宏偉的佛教文化。	<文學> 《古事記》、《日本書紀》、《風土記》、《萬葉集》、《懷風藻》 <建築> 東大寺、正倉院、唐招提寺	<雕刻> 東大寺盧舍那佛 <工藝> 鳥毛立女屏風、螺鈿紫檀五絃琵琶
弘仁、貞觀文化	富有濃厚密教色彩的文化。	<文學> 《凌雲集》、《經國集》、《日本靈異記》、《三教指歸》、《十住心論》 <建築> 室生寺	
國風文化	與大陸的交流斷絕，日本獨自培育出來的文化。	<文學> 《土佐日記》、《源氏物語》、《竹取物語》、《枕草子》、《倭名類聚抄》、《古今和歌集》、《往生要集》	<建築> 平等院鳳凰堂 <繪畫> 信貴山緣起、鳥獸人物戲畫甲乙卷

▶ 從大陸經由朝鮮半島而來的文化在日本成長茁壯。

佛教的變遷

　　起源於印度的佛教於西元 62 年傳入東漢，並在 384 年傳至朝鮮百濟；後因百濟的聖明王，佛教於欽明天皇時代的 538 年（也有 552 年一說）傳入日本。但此時佛教早已在來日的渡來人之間私下流傳。

　　佛教公傳之際，日本因佛教的受容問題引發內部對立。大臣蘇我稻目主張崇佛；大連物部尾輿則以「此舉會引來國津神的憤怒」而主張排佛（崇佛論爭）。欽明天皇雖然不許可官方信仰佛教，但允許蘇我氏私下信仰。之後蘇我稻目的兒子馬子消滅物部守屋後，佛教才被朝廷官方公認。推古時期的聖德太子也鼓勵佛法，在奈良時代以鎮護國家（守護國家）的宗教為名義使佛教國教化，讓僧侶的地位一躍而上。

　　但是，僧侶開始與政治家勾結，甚至出現像道鏡那樣覬覦皇位的人物。所以桓武天皇為了阻絕佛教勢力而遷都長岡京，更強行遷都平安京，終於將僧引從政治中排除，得以行使天皇親政。

　　繼任的嵯峨天皇重用最澄（天台宗之開祖）與空海（真言宗之開祖），使佛教風氣煥然一新。空海從大唐（中國）帶回以加持祈禱獲得現世利益為宗旨的密教，在貴族之間爆發性地流行。之後，由於傳染病流行和天災不斷，透過念佛（南無阿彌陀佛）祈求極樂淨土的淨土教（阿彌陀信仰）因此開始流行。開啟攝關政治全盛期的藤原道長，據說也在臨死之際手握阿彌陀如來所垂下的線才去世。

　　院政時期的三位上皇白河、鳥羽、後白河也崇拜佛教，甚至前往佛教聖地熊野與高野山參拜好幾次，並出家成為法皇。

　　然而延曆寺和興福寺等大寺院卻因此以上皇的信仰心為後盾，企圖強行讓

朝廷接受自己的要求，並大舉武裝僧兵亂入都城。

　　後來則出現了對神佛毫不畏懼的人，也就是武士。他們以戰爭為宿命，認為殺生迫不得己，還在朝廷的命令下與僧兵作戰並殺害他們。因為這樣的階級登上了歷史舞台，受佛教束縛的古代終於迎來落幕，隨之開啟以武士為主角的中世。

與天皇家有淵源的寺院所在地

▶ 平安京周邊強大的寺院勢力。

古代的稅制

701年制定的大寶律令，確立了古代稅制。

普通人被歸屬於以戶主為代表人的「戶」（以25人左右構成），登錄於戶籍與記帳（為了課予調、庸等稅，每年都會重新編製的基本台帳）。

每隔六年重新作成新戶籍，並依此給予滿6歲以上的男女口分田。擁有口分田的人民去世後，就等待六年一度的班年到來返還口分田，這個制度稱為班田收授法。口分田的稅率稱為租，每1段會徵收2束2把稻米（大約收穫量的3%）。

對女性課的稅就只有這個租，但男性被課予的稅則重得令人吃驚。

有一種稅是針對絲綢、紗線、棉花及布匹等鄉土產物中，必須以一定數量繳納上述其中一種，這項稅稱作調。此外，男性還必須到都城進行十日勞役（歲役），如欲折抵這項勞役，必須上繳2丈6尺（約7.8公尺）的布（麻布）作為代替，這個稅就是所謂的庸。

租是地方的財源；庸是中央的財源，農民還必須為了運送稅金遠赴都城。負責運送的農民稱為運腳，其中有不少人在歸途絕糧而橫死路旁。

但要繳的稅不只這些。地方的國衙（類似現在的縣廳）會課予六十日以下稱為雜徭的勞役，內容是土木工程或雜事等。此外，過去曾出現因饑荒連稻種都拿來吃的農民，朝廷為了幫助他們，會在春天借給農民稻米（正稅）與粟子。但後來借貸制度變成強制，到了秋天農民必須連本帶利返還回去，這個借貸制度稱為出舉（正稅出舉、公出舉）。

尤為艱難的是兵役的部分，成人男性（21至36歲）中，每三人就有一人會被徵召服役。

受到徵召的對象會被分配到各國的軍團接受訓練，以維持國內治安。其中也有人被派遣到北九州，擔任負責防衛此地的防人；或被派遣至京，擔任負責警備此地的衛士。

　　因為這些苛政，時不時會出現逃亡鄉里的農民，為了逃稅擅自出家的民眾（私度僧）也急速增加。此外，為了免除重稅，明明是男兒身卻在戶籍上登記女性的偽籍也非常流行，所以這套稅收制度在8世紀中葉開始崩潰，並在9世紀破局。

課予庶民的各種稅

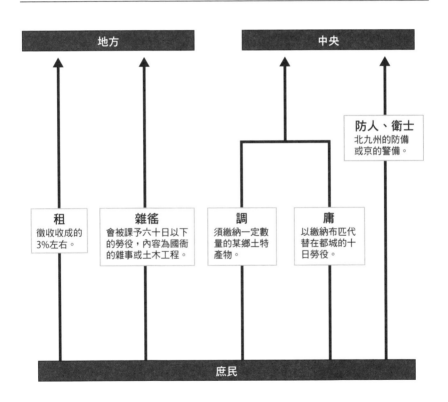

地方		中央	
租 徵收收成的3%左右。	**雜徭** 會被課予六十日以下的勞役，內容為國衙的雜事或土木工程。	**調** 須繳納一定數量的某鄉土特產物。	**庸** 以繳納布匹代替在都城的十日勞役。

防人、衛士
北九州的防備或京的警備。

庶民

▶ 不只徵收各種產物，還有稱為兵役的重擔，庶民因此苦不堪言。

2 1 主題 土地制度的變遷

　　在大和政權成立的4世紀到7世紀中葉，豪族擁有稱為田莊的土地，並讓稱為部曲的私有民負責耕作。

　　然而，646年發布的改新之詔中提出所有土地都將歸國家所有的公地公民制方針。在672年以壬申之亂掌握政權的天武天皇，與接下來的持統天皇也持續推行土地公有化，並在701年發布大寶律令，讓所有土地原則上都歸屬於國家，開始給予農民口分田。但是農民因重稅相繼逃亡，所以朝廷再次將土地政策轉回認可私有地。

　　就這樣，墾田永年私財法於743年發布，新開墾的田地變得可以歸私人所有。擁有財力的寺社與貴族在第一時間投入土地開墾，這些被開墾的土地稱為初期莊園。

　　但是到了10世紀後，初期莊園漸漸衰退，取而代之的是開發領主（有力農民）利用作人（農民）或小人（農奴）進行土地開拓。

　　國司（各地方的官人，以現在來說大概類似縣知事的地位）則開始干預這種土地，派遣官員到這些莊園嚴格收稅。因此開發領主與其子孫只好將土地捐給大寺社或中央貴族，並敬稱他們為本家或本所。但是，捐贈只是名義上的形式，本家或本所會任命開發領主與其子孫為莊官（莊園的管理人），讓他們可以繼續實質上地支配土地。

　　也就是說，他們以捐贈土地換得中央貴族與大寺社的權威，藉此向國司施壓，免除租稅。到後來，不准官員進入（不入之權）或是免除租稅（不輸之權）的莊園變得愈來愈多。

此外，開發領主與其子孫為了守護自家莊園，漸漸開始武裝起來，其中也有這就是武士的起源一說。

土地制度的變化（4～8世紀）

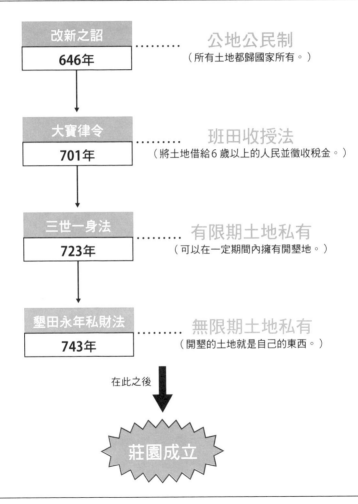

改新之詔	
646年	

········· 公地公民制
（所有土地都歸國家所有。）

大寶律令	
701年	

········· 班田收授法
（將土地借給6歲以上的人民並徵收稅金。）

三世一身法	
723年	

········· 有限期土地私有
（可以在一定期間內擁有開墾地。）

墾田永年私財法	
743年	

········· 無限期土地私有
（開墾的土地就是自己的東西。）

在此之後

莊園成立

▶ 因為許可開墾者擁有土地，因此莊園得以成立。

大寶律令與律令國家

701 年，日本制定大寶律令，成為名副其實的律令國家。

以現在來說，「律」就是刑法，「令」則是政治相關的各種法律，也可以說是行政法。

中央組織存在太政官與神祇官兩單位，太政官是司掌所有行政相關的最高等級政廳（組織）；太政官包括擔任太政大臣、左大臣、右大臣和大納言的公卿，他們以合議的方式行使政權。在太政官之下各司其職的是八省，其主要工作內容如下：

中務省：編撰詔勅，最重要的省／式部省：文官的人事、管理大學

治部省：外交、佛事、宮廷音樂／民部省：一般民政、戶籍、租稅、財政

兵部省：軍事、武官的人事／刑部省：審判、刑罰／宮內省：宮中事務

大藏省：國庫的出納和管理、貨幣管理、度量衡、朝廷例行活動的準備

太政官內的公卿經過合議決定的事項，在得到天皇的許可後，會作為天皇的命令（意志）以詔或敕等書面形式發布。太政官向下級機構或各國發出的命令文書稱為太政官符，政策也是依此實行的。

關於行政區畫，首都周邊的五個國家稱為畿內，其他地方則以東山道、東海道、北陸道、山陽道、山陰道、南海道、西海道的七道作為區隔。

此外，全國各地都設有國、郡、里等單位，並任命國司、郡司、里長管理各自區域。

國司由中央派遣的貴族擔任，以國府（政府機構）為據點統治國內。任期為六年（之後改為四年），職務為維持治安、編制戶籍與記帳、班田收授、士兵徵召等等。郡司為終身官職，由地方豪族或有力者擔任，負責民政與審判；里長則是從住民中選出，主要職務為徵收稅金。

刑罰部分，由五刑（笞、杖、徒、流、死）構成。笞、杖是為鞭刑與杖刑；徒為徒刑，流是流放，死就是死刑。然而，謀反、謀大逆、謀叛、惡逆、不道、大不敬、不孝和不義之罪屬於八虐（八逆），是對國家、天皇、尊親的重罪，就算是居官之人也不得赦免之罪。

基於大寶律令的政治組織

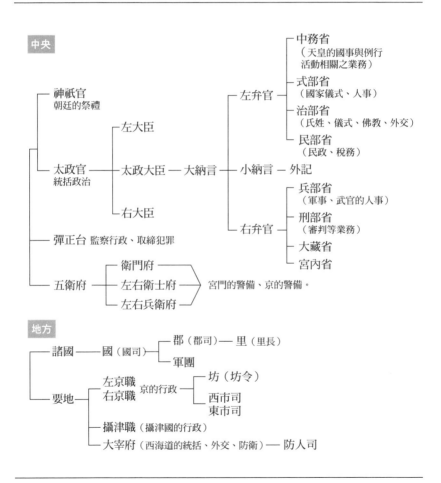

▶ 以中國律令為範本，設立了稱為二官的官職以及稱為八省的政府機構。

年代	天皇	重要事件
1017年	後一條	藤原道長成為太政大臣。
969年	冷泉	發生安和之變。
939年	朱雀	爆發平將門之亂、藤原純友之亂。
887年	光孝	藤原基經成為首任關白。
866年	清和	發生應天門之變。
842年	仁明	發生承和之變。
794年	桓武	遷都平安京。
743年	聖武	發布墾田永年私財法。
710年	元明	遷都平城京。
701年	文武	大寶律令編製完成。
672年	弘文	發生壬申之亂。
663年	天智	爆發白村江之戰。
645年	孝德	發生乙巳之變。
630年	舒明	第一次向大唐派遣使者（遣唐使）。
607年	推古	向隋派遣使者（遣隋使）。
5世紀	倭之五王	向中國的南朝派遣使者。
3世紀	—	邪馬台國女王卑彌呼向曹魏派遣使者。
2世紀	—	倭國之王帥升等人向西漢派遣使者。

現代

古代

巻末
附録

令制國

隨著大寶律令的頒布，各地區以「國（舊國）」為單位被劃分開來，這稱為「令制國（律令國）」，此制度直到廢藩置縣才被廢止。

舊國名	都道府縣
❶ 蝦夷地	北海道 ※
❷ 陸奧	青森縣
	岩手縣
	宮城縣
	福島縣
❸ 出羽	秋田縣
	山形縣
❹ 越後	新潟縣
❺ 佐渡	
❻ 上野	群馬縣
❼ 下野	栃木縣
❽ 常陸	茨城縣
❾ 下總	
❿ 上總	千葉縣
⓫ 安房	

舊國名	都道府縣
⓬ 武藏	埼玉縣
	東京都
⓭ 相模	神奈川縣
⓮ 甲斐	山梨縣
⓯ 信濃	長野縣
⓰ 伊豆	靜岡縣
⓱ 駿河	
⓲ 遠江	
⓳ 三河	愛知縣
⓴ 尾張	
㉑ 美濃	岐阜縣
㉒ 飛驒	
㉓ 越中	富山縣
㉔ 能登	石川縣
㉕ 加賀	

※蝦夷地（北海道）在明治時代初期才正式成為日本的領土，律令制度下的行政區畫也因此從五畿七道變成五畿八道。

244

舊國名	都道府縣
㉖ 越前	福井縣
㉗ 若狹	
㉘ 近江	滋賀縣
㉙ 伊勢	三重縣
㉚ 伊賀	
㉛ 志摩	
㉜ 紀伊	和歌山縣
㉝ 大和	奈良縣
㉞ 山城	京都府
㉟ 丹後	
㊱ 丹波	
㊲ 但馬	兵庫縣
㊳ 淡路	
㊴ 播磨	
㊵ 攝津	大阪府

舊國名	都道府縣
㊶ 和泉	大阪府
㊷ 河內	
㊸ 阿波	德島縣
㊹ 土佐	高知縣
㊺ 伊予	愛媛縣
㊻ 讚岐	香川縣
㊼ 備前	岡山縣
㊽ 美作	
㊾ 備中	
㊿ 因幡	鳥取縣
51 伯耆	
52 隱岐	島根縣
53 出雲	
54 石見	

舊國名	都道府縣
55 備後	廣島縣
56 安藝	
57 周防	山口縣
58 長門	
59 筑前	福岡縣
60 筑後	
61 豐前	大分縣
62 豐後	
63 日向	宮崎縣
64 大隅	鹿兒島縣
65 薩摩	
66 肥後	熊本縣
67 壹岐	長崎縣
68 對馬	
69 肥前	佐賀縣

重要詞語

重要人物

天皇、將軍逆行年表

時代	代數	天皇 （在位期間）	代數	征夷大將軍 （在職期間）
明治／江戶	122	明治 （1867～1912）	※ 將軍職位廢止	
江戶	121	孝明 （1846～1866）	15	德川慶喜 （1866～1867）
江戶	121	孝明 （1846～1866）	14	德川家茂 （1858～1866）
江戶	121	孝明 （1846～1866）	13	德川家定 （1853～1858）
江戶	120	仁孝 （1817～1846）	12	德川家慶 （1837～1853）
江戶	119	光格 （1779～1817）	11	德川家齊 （1787～1837）
江戶	118	後桃園 （1770～1779）	10	德川家治 （1760～1786）
江戶	117	後櫻町 （1762～1770）	10	德川家治 （1760～1786）
江戶	116	桃園 （1747～1762）	9	德川家重 （1745～1760）
江戶	115	櫻町 （1735～1747）	8	德川吉宗 （1716～1745）
江戶	114	中御門 （1709～1735）	7	德川家繼 （1713～1716）
江戶	114	中御門 （1709～1735）	6	德川家宣 （1709～1712）

江戸	114	中御門 （1709～1735）	6	德川家宣 （1709～1712）
	113	東山 （1687～1709）	5	德川綱吉 （1680～1709）
	112	靈元 （1663～1687）		
	111	後西 （1654～1663）	4	德川家綱 （1651～1680）
	110	後光明 （1643～1654）		
	109	明正 （1629～1643）	3	德川家光 （1623～1651）
	108	後水尾 （1611～1629）	2	德川秀忠 （1605～1623）
江戸／ 安土桃山	107	後陽成 （1586～1611）	1	德川家康 （1603～1605）
			※ 無在職者	
安土桃山／ 室町	106	正親町 （1557～1586）	15	足利義昭 （1568～1573）
			14	足利義榮 （1568）
			13	足利義輝 （1546～1565）
室町 （戰國～南北朝）	105	後奈良 （1526～1557）	12	足利義晴 （1521～1546）
	104	後柏原 （1500～1526）	10	足利義稙 （1508～1521）
			11	足利義澄 （1494～1508）
	103	後土御門		

時代	代數	天皇 （在位期間）	代數	征夷大將軍 （在職期間）
室町 （戰國～南北朝）	103	後土御門 （1464～1500）	11	足利義澄 （1494～1508）
			10	足利義稙 （1490～1493）
			9	足利義尚 （1473～1489）
			8	足利義政 （1449～1473）
	102	後花園 （1428～1464）	※ 無在職者	
			7	足利義勝 （1442～1443）
			6	足利義教 （1429～1441）
	101	稱光 （1412～1428）	※ 無在職者	
			5	足利義量 （1423～1425）
	100	後小松 （1382～1412）	4	足利義持 （1394～1423）
	99	後龜山 （1383～1392）	3	足利義滿 （1368～1394）
	98	長慶 （1368～1383）		

室町 （戰國～南北朝）	97	後村上 （1339～1368）	2	足利義詮 （1358～1367）
			1	足利尊氏 （1338～1358）
室町／ 建武／鎌倉	96	後醍醐 （1318～1339）		成良親王 （1335～1336）
				護良親王 （1333年）
	95	花園 （1308～1318）	9	守邦親王 （1308～1333）
	94	後二條 （1301～1308）	8	久明親王 （1289～1308）
	93	後伏見 （1298～1301）		
	92	伏見 （1287～1298）	7	惟康親王 （1266～1289）
鎌倉	91	後宇多 （1274～1287）		
	90	龜山 （1259～1274）		
	89	後深草 （1246～1259）	6	宗尊親王 （1252～1266）
	88	後嵯峨	5	藤原（九條）賴嗣 （1244～1252）

時代	代數	天皇 （在位期間）	代數	征夷大將軍 （在職期間）
鎌倉	88	後嵯峨 （1242～1246）	5	藤原（九條）賴嗣 （1244～1252）
	87	四條 （1232～1242）	4	藤原（九條）賴經 （1219～1244）
	86	後堀河 （1221～1232）		
	85	仲恭 （1221）		
	84	順德 （1210～1221）		
	83	土御門 （1198～1210）	3	源實朝 （1203～1219）
			2	源賴家 （1202～1203）
				※ 無在職者
鎌倉／平安	82	後鳥羽 （1183～1198）	1	源賴朝 （1192～1199）

※雖然從奈良時代就已經存在征夷大將軍這個官職，但在源賴朝開啟幕府之後，任職征夷大將軍者才開始立於政治中心主導政權。